經貿老將　兩岸推手

——江丙坤的公僕生涯

李孟洲◎編著

〈推薦序〉

兩岸一致推崇與信任的人物

最早認識江董事長，是在我擔任法務部長任內，他當經濟部長，在行政院內，坐在我的右手邊，所以有很多問題，就藉機請教，受益良多。

後來我離開行政院到台北市以後，亦在國民黨擔任副主席，那次江董事長擔任一任的立法院副院長，本來第二次又提名他，結果臨時生變，因為本來一個並沒有要出來的人選，又突然間冒出來了，結果他硬是把這個吞下去，默默退讓；那次我真的感覺到，他有過人的容忍能量，這事令我忍不住在常會開砲，表明這樣子對一個老實人是不公平的！但是，我真的能體會到，江董事長那種以大局為重的胸襟，誠懇和包容的態度，真的是無人能及！

等到我開始競選總統之後，江董事長也盡全力幫我從各方面去努力，爭取各種支持，他那種佈署、那種善意、那種誠意，讓我非常感動。待我就任之後，邀請他擔任海基會的董事長，他想一下，冒出一句很妙的話，說：「我不會唱京戲。」他想到他的前任辜振甫先生和對岸汪會長，是會唱戲的。我笑著回答：「以前兩會的會長，要做的事情不太多，比較有機會唱戲，你將來會忙不過來的，沒有時間讓你唱戲，因為我們已經決定，要徹底的改變兩岸關係與互動的情形，回到我們當初最早的設計，也就是二十年前，陸委會成立、海基會成立，一定要成為兩岸之間，制度化協商最主要的支柱。」

在江董事長接任海基會之後，他的確也把這個功能，發揮得淋漓盡致，三年多的時間，十六個協議，兩岸關係完全不一樣了！前兩天，「紐約時報」的記者來訪問我，他是駐北京的記者，表示現在他飛過來，真是太方便了，非常謝謝我；我說：「這就是我們江丙坤董事長他全力促成的。」

當然，有這樣一個背景，還是需要前面有很多準備的工程。二〇〇五年，連戰榮譽主席，訪問中國大陸，跟中共胡錦濤書記長，達成了五項共同願景，這五項願景，我們現在幾乎都在推動了，包括在「九二共識」基礎上恢復兩岸協商、經濟合作協議、和平協議、軍事互信機制，以及國共兩黨的平台，同時還有探討國際空間的問題；江董事長奠基在這樣的基礎上，工作亦是水到渠成。

但事實上，在連前主席去之前，江董事長就跑了一趟，那趟對他來說應該是蠻危險的，因為二〇〇五年的三月十四日中共通過了「反分裂國家法」，二十六日民進黨就在台北發動了二十七萬五千人的遊行；而江董事長在遊行之後就出國，出國之後，這邊就醞釀要杯葛他，不讓他下飛機。江董事長便從大陸打電話給我，希望我能保護他的安全，我雖然不是警政署長，是台北市長，但也是責無旁貸的。於是，我就到機場去接他，然後告訴他：「一切都安排好了，您的安全不會有問題，你住台北，我負責。」這樣子，這件事情後來並沒有發生任何的意外。

那時候，我真的感覺到江董事長這個人很不容易，很誠懇、很勤快、很實在，又能夠容忍，實在是令人相當敬佩。對江董事長，我是心懷感激，因為海基會董事長的角色，他發揮得淋漓盡致，而且他不只是只有大陸，在東南亞跟其他地區，他也常到處跑，可以說都能夠把整個海外的台商串接起來，所以，個人認為，將來在兩岸關係上、在中華民國歷史上，都不會忘記，曾經有這麼一位腳踏實地、奔走兩岸，而且真正能夠為兩岸人民所信任的人物，大陸和台商都對他一致推崇，而這些地方都顯示出他平常努力的成果。

江丙坤董事長，他的人脈、他的貢獻，可以說在國內、國外都獲得極大肯定，所以我希望他在兩岸關係上，繼續為國家、為兩岸人民來服務，能夠讓兩岸關係，繼續穩建地向前發展，這是一個歷史性的貢獻，亦是一個不容推卸的責任！

（二〇一一年十二月十一日於張榮發基金會B1宴會廳，江丙坤董事長八十大壽感恩暨慶生茶會致詞）

中華民國總統　馬英九

〔推薦序〕

老驥伏櫪　志在千里

轉眼間，我與丙坤先生相知相交已逾十年之久。十多年來，我們因兩岸關係而結緣，私志相契、公誼相投，結下了深厚的友情。值此先生八十華誕之際，聊表數語，以寄賀忱。

丙坤先生常說，人生七十才開始，先生七十歲後的人生，與兩岸關係結下了難解之緣。二〇〇五年三月，先生以七十四歲之齡，在兩岸關係風雨飄搖、緊張動盪之際，頂著巨大壓力，受連戰主席之託，毅然以中國國民黨副主席身分率團訪問大陸，為國共兩黨領導人時隔六十年的歷史性握手預做安排。我時任中共中央台灣工作辦公室主任，與丙坤先生率領的中國國民黨參訪團進行了會談，就加強兩岸經貿等領域交流與合作達成十二項共識，開啟了國共兩黨之間黨與黨對話的先聲。此後三年多的時間裡，丙坤先生不辭勞苦，頻繁來往兩岸，多次參與國共兩黨溝通平台的工作，積極組織企業界參與兩岸經貿文化論壇，關心台商在大陸發展創業，幫助他們解決轉型升級中遇到的困難和問題，為兩岸關係實現歷史性轉折發揮了重要作用。我和丙坤先生也多次會面，為推動兩岸經貿交流與合作、落實兩岸和平發展五項願景，共同做出了許多努力。

二〇〇八年五月，兩岸關係雨過天晴，歷難重華。丙坤先生出任海基會董事長，我也轉任海協會會長。因緣際會，時勢造人。我和丙坤先生躬逢兩岸關係發生重大轉變的歷史性機遇，親歷並推動兩會在「九二共識」基礎上，恢復中斷近十年的協商談判。在其後短短四年多的時間裡，先後成功舉行八次會談，簽署十八項協定，達成諸多共識，解決了兩岸同胞關心的一系列經濟、社會、民生等問題，為增進兩岸同胞福祉、深化兩岸互利合作架設了一道道橋樑，豐富了兩岸關係和平發展成果。在此過程中，丙坤先生不僅是我談判中可敬的對手，更是我人生中真誠的朋友。記得二〇〇八年十一月初，我應丙坤先生邀請第一次率團赴台訪問。那次會談，取得了突破性的進展，但也遇到許多阻礙和干擾。丙坤先生就像一位慈祥的兄長，全程關注，精心安排，呵護備至。特別是在圍困晶華酒店的八個小時裡，丙坤先生始終和我們坐在一起。丙坤先生對代表團安全的擔憂、對台灣一些政治人物和政黨非理性行為的焦慮，以及不失之沉穩淡定的政治家風度，給我們留下了極為深刻的印象，讓我們久久不能忘懷。

多年來，丙坤先生還不辭辛勞，一直為推動兩岸經濟合作和各項交流往來奔波，為處理兩岸同胞交往中的具體問題、維護兩岸同胞特別是台商投資的合法權益不遺餘力。先後走訪大陸七十多次，走遍大陸兩百多個城市。擔任海基會董事長後，親自接待的大陸交流團組有六百五十多個。凡是有台商投資興業的地方，都可以看到丙坤先生關心服務台商的足跡；凡是兩岸交流活躍的領域，都可以看到丙坤先生不辭辛勞的身影。在三年多的時間裡，單單他轉給我而且是親自提出意見的，就有二百六十三件涉及台商權益保護的案件。令我驚奇的是每次或者相隔一段時間以後，我和他見面，他都會非常細緻、完整地回顧他曾經向我提出的案件細節。他這種對台商高度負責的精神，深深地感動著大陸許許多多的台商。

「水明知月上，木落見梅尊」。當人們感慨於兩岸關係和平發展蔚為潮流、欣慰於兩岸制度化協商碩果累累，我們更加感佩丙坤先生對於兩岸關係前途命運的責任感和事業心，更加感佩先生嚴謹的工作作風和腳踏實地的奉獻。丙坤先生的人生精采，已經鐫刻進兩岸關係和平發展的歷史畫卷中。這不但是丙坤先生為兩岸同胞留存的美好回憶，更是為兩岸關係留存的寶貴資產。丙坤先生為兩岸關係和平發展付出的努力，已經並持續在兩岸同胞中產生廣泛的影響。

先生曾說「歲華逼人，休致有日」，但是我想說，「莫道桑榆晚，微霞尚滿天」。經過兩岸同胞十數年的努力，和平發展已成為人心所向，大勢所趨。在此，我想將曹操〈步出夏門行〉詩中的名句送給丙坤先生——「老驥伏櫪，志在千里；烈士暮年，壯心不已」。衷心期待先生在民間的、經貿的崗位上，繼續發揮影響力，為兩岸關係和平發展奉獻心力；更祝福江董事長福壽綿長，闔家幸福！

（二〇一一年十二月十一日於江丙坤董事長八十大壽感恩暨慶生茶會賀詞）

海峽兩岸關係協會前會長　陳雲林

目錄

楔子

提供豐富的精神糧食、出版膾炙人口的好書，一向是出版社的責任與使命。在偶然的機緣下，商訊文化事業公司出版部有幸拜讀由林聖忠、鄧振中、郭勵誠等著的江丙坤董事長八秩華誕祝壽文集——《經貿尖兵 兩岸舵手》一書，書中記錄了江丙坤先生在公職服務期間與部屬、親友間相處的諸多小故事。

細細咀嚼書中故事，愈讀愈有意思：出身於南投農家的江丙坤，年輕時家境清貧，但憑著刻苦精神與過人毅力，拿到中山獎學金，負笈日本，半工半讀，取得日本國立東京大學農業經濟學博士學位，之後出任駐日大使館經參處助理商務專員、派任駐南非約翰尼斯堡總領事館任商務專員及駐南非大使館經濟參事；後奉調返國，出任國貿局副局長、對外貿易發展協會秘書長、國貿局局長、經濟部常務次長、經濟部政務次長、經濟部部長，以及行政院經建會主任委員等數項經建行政職位；

他的人生大半光陰都在公職服務，並且參與國營事業民營化、世界貿易組織入會案、六輕與核四投資案、南向政策、亞太營運中心、政府再造、全球運籌中心等多件重大財經決策；同時兩次代表總統出席亞太經濟合作會議（APEC）領袖高峰會；一九九九年，更敦請辜濂松、高清愿等幾位工商大老，共同推動成立「三三會」，統合國內重量級大型企業。

而因熟悉兩岸事務，江丙坤先生被委派為海基會董事長，上任後，在兩岸旅遊、空運、海運、食品安全、郵政、金融合作、共同打擊犯罪及司法互助、陸資來台等議題得到許多具體成果，尤其是「兩岸經濟合作架構協議」（ECFA）的簽署，更象徵著兩岸合作邁入了新的里程碑；這些成就都是在「破冰之旅」的基礎上達成，可見江董事長對兩岸經貿發展的卓越貢獻，難怪被「蘇富比」雜誌選為二十五名在大陸最具影響力的台灣人物之一！

由於出身貧困，江丙坤董事長養成了「刻苦努力，認真負責」的性格，而他在公職任內，無論是大的政策方向，或是小的執行作業或工作細節，認真的態度都是一樣的。像這樣認真、負責的態度，以及「拚命三郎」的幹勁，真正展現了台灣人的拚鬥精神。

閱畢，深感江丙坤董事長在五十多年為國服務期間，皆充分展現其主動積極的精神，以及運籌帷幄的領導風格，不僅令人欽佩，更是值得後輩們學習的最佳典範！

有鑑於此，商訊文化擬將文集再度付梓發行，以闡揚江董事長可貴的行事風格與拚鬥精神。然而，原書厚達近七百頁、多達二十萬字的重量級版本，恐是講求效率的現代人閱讀上「不可承受之重」。因此，商訊文化特別禮聘資深兩岸新聞工作與經貿研究者、也是江董事長好友的李孟洲先生，來精選、截取、改編書中內容，淬鍊為一本符合現代人精、簡、短的閱讀習慣的專書。同時亦依循江丙坤董事長八秩華誕祝壽文集——《經貿尖兵　兩岸舵手》一書之模式，徵得版權所有者的同意，並且承蒙海峽兩岸經貿文化交流協會大會資助，方能如願出版。

經過李孟洲先生的費心雕琢，《經貿老將　兩岸推手——江丙坤的公僕生涯》一書終能順利付梓。商訊文化希冀除了使社會各界更了解江丙坤董事長高尚的人格之外，也能讓讀者深刻觀察，並見證台灣近五十年的經濟發展，值得大家細細品味。

第一章

南投之子　苦學有成

江丙坤，是台灣對外經貿發展的長期推動者和領航者，也是近年兩岸關係領域舉足輕重的人物。如今回頭來看他的經貿人生和兩岸生涯，要從他的家鄉台灣南投，揭開序幕。

一、童年往事點滴憶趣

一九三二年（民國二十一年，台灣仍是日據時代），十二月十六日，江丙坤出生於南投縣南投鎮平山里，兄弟姊妹九人，他排行第八。其父曾經營磚瓦廠、榨油廠，但遭日方收購，因而轉為務農，家庭生活並不寬裕。

江丙坤的幼年生活，和當時很多台灣小孩沒有兩樣，也有很調皮的一面。據他的小弟江丙堂回憶說，四哥（江丙坤）長他五歲，幼年時，兩人皆好動貪玩，攀爬、戲水、釣蛙、抓魚，樣樣都來。曾記得南投老家屋後有一龍眼樹，高聳挺拔，每至夏日，果實纍纍，誘人至極。有一天，兄弟二人與一位鄰家女孩，攀爬上樹，欲摘龍眼解饞，不意，有的龍眼樹枝已經腐朽，鄰家女一腳踩空，墜落地面，痛得大哭，因而驚動左鄰右舍。聞聲而來的父親，見是兄弟二人淘氣，便持棍棒追過來，兄弟倆見狀，於是狼狽而逃，遲遲不敢返家，直到天黑才硬著頭皮回家受罰。這樣調皮挨罵的童年記憶，不勝枚舉，如今想來，令人忍唆不禁。

江丙堂表示，他和江丙坤俱生於日據時代末期，美軍軍機時來轟炸，即使鄉下如南投，亦不免於戰火。記憶所及，南投的小火車，甚至較大的工廠如鳳梨工廠，也遭機槍掃射，以及炸彈轟炸，田間甚至家中庭院，常見彈殼從空中掉落，令人害怕。尤其上小學期間，只要空襲警報一響起，四哥就和同學帶著他從山路而逃，遇到簡陋危險的小橋，四哥就揹著他通過；戰時生活，日日顛簸，使得幼時心靈，無不緊張駭極，幕幕難忘，而四哥對他的關愛之情，亦長留心頭。

由於小時家貧，日常食用，皆來自農田自產，因此，家中孩子，無論大小，皆得下田耕作。江丙堂描述，家裡放牛吃草的工作，大多落在四哥和他的身上。自幼聰敏好學的江丙坤，即使在山谷野外放牛，仍不忘帶書閱讀，甚至有一次，他讀書讀到忘情，有條蛇自身上爬過，猶不自知，把一旁的江丙堂給嚇壞了！不過，這也顯示其專注精神，無人能及。

二、文武全才的江同學

江丙坤所上的小學是南投國民學校初等科，畢業後，他考上台中農校的初級部就讀，嗣後，接著就讀高級部。

由於早時交通不便，他每天上學時，要走三、四十分鐘土石路到南投的火車站，再搭乘台糖小火車，才能趕赴台中農校上課，來回耗時；所以，如果每天清晨四、五點未及時起床，必定趕不上火車，更談不上到校上學了。記得某日，江丙坤不小心睡過頭，擔心趕不上火車，母親也來不及準備早餐，沒得吃早餐，也沒有便當帶，連忙趕至火車站搭車，如此便餓著肚子一整天。

對於江丙坤負笈台中的中學時期，林大濤的印象仍很深刻。曾任南投獅子會第十屆會長的林大濤說，江丙坤和他是南投的同鄉，也是親戚，他們都是出生在一九三〇年代，江丙坤大他一歲，兩人共同經歷了年少時期求學的艱苦歲月。江丙坤讀的是台中農校，而林大濤則就讀台中商業學校。當時能由南投鄉下至台中市讀書的人，可說是少之又少，他們很幸運有機會能到外地求學，打開人生視野。

▲就讀台灣省立台中農業職業學校初級部三年級時（1947 年）。

▲江丙坤（右）於國小五年級和同學至照相館攝影留念（1943 年）。

▲江丙坤（前排右一）自小成績優異，進入升學班。老師佐藤定次郎與升學班同學紀念照（1944 年）。

林大濤記得，江丙坤因老家住在「半山」，為了到台中讀書，他每天都要一大清早起床，餓著肚子，走大約三點五公里的路到南投火車站，趕搭早上五點零四分的中南線（台中——南投）五分車（亦即台糖小火車）到台中求學。小型火車時速大約只有二十五公里，沿途經過草屯、新庄、舊社、萬斗六、霧峰、車籠埔、太平、花園、台中，單程往往要搭乘兩小時，才會到台中火車站，這樣悠悠的通勤日子持續了六年，他們共同度過了中學時期（初級部、高級部）的求學生涯。

其間令林大濤記憶較深刻的是，當時沿著火車站旁常常堆滿著載運的甘蔗堆，對他們這群經常處於飢腸轆轆且年少輕狂的窮學生而言，常是最大的引誘與福利，為能及時填飽自己的五臟廟，就常把甘蔗拿來當早、午餐吃，他們時而跑下車隨機抽取一把甘蔗枝，時而又需奮力追趕著跑回已啟動的五分車，「吃甘蔗追火車」這般甜蜜的回憶至今仍令人難以忘懷！

江丙坤的同學鄒文政則說，他跟江丙坤是厝邊隔壁，從國小開始，彼此又當了十二年的同學，這世人，他們的緣分實在很深！

鄒文政表示，他跟江丙坤都是南投鎮（現南投市）的人，因為是隔壁鄰居，所以從囝仔時代就很熟，他們小學時就當了六年的同班同學，又一起考取台中的農業學校，當時這間學校主要是給在台灣的日本人讀的，台籍生只有十分之一的名額，鄒文政記得很清楚，學校是在四月五日開學，他們就從南投「千里迢迢」跑到台中讀書。

在當時，從南投到台中沒有公路，他們是從南投坐小火車到台中，鄒文政還記得他們坐了兩個鐘頭多，一路晃啊、晃啊，晃到台中。由於路程實在太遠了，鄒文政、江丙坤還有一個廖同學，三人一度就在台中火車站附近租了間房子住，為了省錢，他們還弄了爐子，找了木炭，起火煮飯，真的是一段難以忘懷的日子。

鄒文政還記得，剛入學時，常常碰到空襲警報，一旦有警報，學校就停課。有一次，美軍又來空襲，隔天是禮拜日，結果他們就決定結伴沿著鐵路走路回家，兩人就沿路走、沿路玩，從台中一直走回南投，就這麼走了六、七個小時，成為彼此終生難忘的經驗。

同是江丙坤台中高農同學的林進義，他說，那段在中農讀書的日子，說來真的很辛苦，大家都是艱苦種田人，但是認真苦讀的心，並未因此而打折，但像江丙坤那樣，家住南投偏遠地區，每天四點多就要起來趕火車，如此這般勤奮刻苦的求學精神與毅力，還是頗讓他佩服的。

在林進義眼中，江丙坤真是個篤實向學的人，而且為人又好相處，不喜跟人計較，他會讀書卻不臭屁，什麼事只要做得到的，都會幫忙去做，人緣很好；而日後，江丙坤出了社會，又卓然有成，盡忠為國。因此，二〇一一年五月，台中高農破天荒頒了「終身成就獎」給這位傑出校友，除了表揚江丙坤個人的傑出成就外，也彰顯其對國家社會的顯著貢獻。

除此之外，還可以記上一筆的是，江丙坤在中農求學時期，也是足球（腳球）運動的愛好者。那個年代，台灣的棒球運動還沒有興起，對於愛運動的小孩而言，讀書之餘最大的快活就是運動，而踢足球就

▲江丙坤（右一）就讀台灣省立台中農業職業學校時，結交了許多好同學（1949 年）。

◀農校環島畢業旅行出發前夕，江丙坤（右）和同學滿心期待（1951 年）。

▲江丙坤（左一）和行政專校同學至日月潭遊玩，留下美好回憶（1953 年）。

是中農同學共同的記憶。

據台中高農同學周江南回顧說，由於他們的體育老師是足球國手，所以同學間對足球更是瘋狂喜歡，江丙坤那時讀書厲害，運動神經也很發達，一有機會，大夥兒就會結伴踢足球，那時，他們邊踢球還邊彼此取笑著：「腳不踢球，會癢耶！」

周江南說：「很有意思的是，大家都是脫鞋子赤腳踢球，那時愛踢球的我們常常自我解嘲，不『沾』一下球，腳可是會癢的，所以，即使赤腳踢球也是心甘情願，哪有人會抱怨踢球腳痛？」況且，他們的體育老師又是足球國手，愛運動的學生有好老師的指點，可謂是如魚得水，踢起球來格外起勁，踢球的技巧能力可是與時俱進。

「加上隔壁的中興大學運動場並沒有我們好，因此，他們常會移師中農球場跟我們來個踢球大車拚，就在一次次的相戰過程，中農的足球隊變得是『上港有名聲，下港有出名』呢！」

在諸多中學時期同學的心目中，江丙坤讀書時，人很安靜，又很會讀書，日後能夠一路讀書讀到日本，代表他的確有實力，同時打破了一般人認為農業職校的人較不愛讀書的刻板印象。而除了讀書，發達的運動神經，也讓江丙坤備受矚目，運動場上，就看到他滿場飛踢足球，且不光是足球，江丙坤對乒乓球還是其他的球類運動，也都有涉獵，讓他們佩服這位同學還真是文的很行、武的也很棒，總的來說，就是文武全才啦！

三、引以為榮的南投之光

台中高農畢業後，江丙坤隨即進入台灣省立行政專科學校就讀。這行政專校，就是後來的省立法商學院、國立中興大學台北校區、國立台北大學。

江丙坤的行政專校同學何華錚說，在他們那個年代，像大學這種層級的，可以讀的學校屈指可數，大概就六個吧！除了台灣大學、師範學院、台中農學院、台南工學院、台北工專，就是行政專校。由於學校少，很難考，能夠考上拿到入學資格的，都不是省油的燈，每個學子都是相當拚了命在讀書的。

也因為學生是很單純的，在物質環境都很缺乏的時代，大家對有本事讀書的人，都很佩服，在選班級幹部時，成績好的同學自然脫穎而出，功課特別好的江丙坤，就被他們這群同學推舉出來擔任班長，服務大家。

何華錚覺得，江同學有一目十行的本事，老師剛上完課，大家還在消化吸收剛教的東西，但江丙坤與眾不同，那些知識幾乎都已經進了他的腦袋，過目不忘的本事，令人好生佩服！

江丙坤另一位行政專校的同學洪祖煌，特別提及江丙坤優異的外語能力。他表示，現代父母為了讓小孩學好英文，花再多錢也捨得，甚至花了大筆錢仍效果不彰；而在他們讀書的那個年代，完全是靠自己，哪有父母花錢請家教、上補習班的？江丙坤也是這麼自我進修，練就多國外語。

成績很好的江丙坤，在學生時代已經充分展現他的多國語言才華，洪祖煌表示，在他們這一代大都讀過日本書，就算不會寫，也會說，私下還會以日本話呼喚彼此的日本名字；光復後，國民政府致力推行國語，國語又是溝通語言之一；爾後，像江丙坤出國留學，跟國際語言英語有更深一層的接觸，依然運用自如，也沒聽講他

▲甫自學校畢業的江丙坤（1952 年）。

▲預訓班第二期（1953 年 8 月～ 1954 年 7 月）。

▲江丙坤身著軍裝的英姿。

◀歷經軍旅生涯的磨練，造就江丙坤強健的體魄。

為了學習外國語言而上補習班或請老師教，顯見一切均是事在人為，有心想學東西，光靠自己，還是可以做得來的。江丙坤的學習過程，正是年輕人學習的優秀典範。

洪祖煌說，他們這群在行政專校常在一起的同學，大都是南部人，幾十個本省囝仔，講話比較投機，除了讀書在一起，租房子也在一起，日常生活彼此照顧，生活秩序不會亂成一團，大家都很注意整齊清潔，也彼此敦品勵學。

由於當時的經濟大環境不是很好，他們這些學生打工的機會不多，大家大都是靠爭取學校的獎學金來補貼生活費，雖然家裡還要貼一點生活費過日子，但這筆錢對窮學生而言，可是生活重要的金援。一班大概三十個同學，約有十個人可以拿到獎學金，表現優異的江丙坤總是拿到學校獎學金的同學之一。

而江丙坤自己回顧年輕時代的求學過程，則非常感謝兄長的培育之情。一個是長他二十歲的大哥，一個是長他十六歲的二哥，他們都是小學老師。大哥丙寅，有如嚴父。自小學時代啟蒙教育開始，每次考完試，大哥、二哥就會很關心的問他：「考第幾名？」如果說是「第三名」，他們固然沒說什麼，但看得出很失望的樣子，這讓他壓力始終很大。不過，這是兄長望弟成龍的期待，激勵他努力向上。

江丙坤二哥教過的學生張慶龍（曾任南投縣營盤國小校長）記得，一九四七年他國小畢業，考上台中二中初中部，小學六年級導師江丙丁，是江丙坤的二哥，因此他在初中部三年的小火車通學，都有江丙坤在照顧。

半山人大多數家境都很差，考上台中各校就讀，都無法租房住宿，而乘五分車通車上學。江丙坤在日治末最後一屆考上台中農校，當時半山除了江丙坤外，還有鄒文政；戰後第一年，張明徵考上農校，第二年張慶龍班上鄒文栽考上台中商校、簡雄藩考上台中農校、張慶龍考上台中二中初級部，他們三人又都是江丙丁老師的學生，所以他們這幾個鄉下孩子，在什麼都不懂的通學過程中，總是處處受江丙坤照顧，迄今回想起來仍滿懷感念。

張慶龍有感而發說，六十年前的交通不像現在這麼便利，居住半山的學子們到台中讀書，不管是唸農校、讀商職或中學的，都是一早就搭同一班小火車到台中，天天進行六個小時的長途跋涉。以往的學子們都很珍惜每個機會，對於來自同一家鄉的人，更是備感親切與惺惺相惜。

一九九九年，半山地方籌建「平山里集會所暨社區活動中心」，地方人士敦聘

▲江丙坤逐漸成長為翩翩少年（1957 年）。

▲測量總隊受訓期間（1957 年 4 月）。

考試院高等考試及格證書
江丙坤民國貳拾壹年拾貳月出生男性台灣省南投縣人應四十四年台灣省公務人員高等考試普通行政人員行政組考試經典試委員會評定中等及格依考試法第十八條之規定合行發給及格證書
此證
院長 莫德惠
典試委員長
考選部部長
中華民國四十四年十二月廿二日

▲高考及格證書（1955 年）。

▲法商學院畢業照（1959 年）。

▲南投縣耕地租佃委員會（1958 年 10 月～ 1959 年 7 月）合影。

▲江丙坤（前排右三）參加南投縣名間鄉耕地租佃委員會成立大會（1959年3月）。

時任行政院經濟建設委員會主任委員江丙坤先生為籌備會榮譽主任委員，協助活動中心土地撥用、經費籌募等工作，方能順利完成。

活動中心工程費二千萬元，政府補助款一千萬元，其餘經費由里民自籌，因此二〇〇五年二月鳩工後，除里民自籌款外，另向各界募集建築經費，江丙坤個人募款金額達四百五十萬元；經費募足後，活動中心於二〇〇七年十月竣工。活動中心的啟用，也成為平山里（半山）共同打拚的最佳見證。

平山里民感謝江丙坤先生協助，因此，在集會所的一樓開闢一間「江丙坤文物陳列室」，將他提供的書籍、獎牌、工藝品、古玩，以及參與國內、外和大陸交流獲贈的紀念品，全捐給平山里活動中心收藏，並親自題「造福桑梓」勒碑奠基。前南投縣營盤國小校長張慶龍認為，這是半山人愛鄉的最佳典範。

四、初入公門勤學習

一九五三年，江丙坤畢業於台灣省立行政專科學校土地行政科，同年十二月，他參加台灣省公務人員高等考試，獲得土地行政人員及格資格。江丙坤記得，他這次考取高考時，大哥聽到後，還高興得從椅子上跳了起來呢！

與江丙坤同榜及格的行政專校同學、前台北市地政處長陳正次回顧說，在五十年前，台灣人要出頭天，不是件簡單的事；他和江丙坤，是當時那屆土地行政高等考試，「唯二」通過的台籍青年。

江丙坤於一九五四年九月，奉台灣省政府令，分發南投縣政府服務，辦理地政工作；兩年後，又奉准調台北市參加台灣省土地測量人員訓練班受訓，並利用晚間及星期假日，返回由專科改制的台灣省立法商學院（地政系）補修學分，後來拿到大學畢業的學士文憑。

江丙坤「初入公門」第一天的情景，前南投縣政府同事江慶鑫，仍然留有印象。江慶鑫說，一九五四年九月，他蒙南投縣李國楨縣長的提攜，赴南投縣政府協辦秘書工作，報到那天，到當時擔任行政課長的林洋港先生那裡打招呼時，林課長說：「剛才已有姓江的來打招呼，怎麼現在又有一位姓江的人來報到呢？」可知江丙坤和他是同一天到南投縣政府報到的，巧合兩人又是同宗，分外有緣。

嗣後，兩人彼此互相勉勵、互相學習，江慶鑫記得，當時南投縣政府為鼓勵員工進修，購買留聲機及英語會話唱片，正好放在他所住宿的單身宿舍，江丙坤常常在晚上到單身宿舍來聽唱片，一起學習英語會話。好學不倦的江丙坤在一九五五年，又考取另一個高考——普通行政人員。

據聞後來，江丙坤到東京留學除上課外，仍繼續不斷學習英語文，難怪以後志願派到英語系國家工作，使他不但精通日語文，並暢通英語文，對他以後對美、日等國交涉、協調、溝通、發展經貿有莫大助益。

五、娶得賢妻伴終生

除了進入公門發展，江丙坤亦於一九六〇年二月二日完成終身大事，娶陳美惠女士

◀跟隨南投縣耕地租佃委員會赴花蓮考察（1958 年 10 月）。

▲江丙坤締結良緣，娶得賢妻伴終生（1960 年 2 月 2 日）。

為妻。

至於江丙坤結婚的經過，其姪女江素娥的記憶很鮮活。她說，平時就很疼愛他的叔叔江丙坤，在南投縣政府上班後，祖父（江丙坤的父親）就常催促叔叔快些結婚，他擔心叔叔會「父老子幼」，不過叔叔並不積極，雖然曾經帶著她，一起坐上火車去中寮相親，仍因覺得對方不合適而作罷。

後來，江丙坤帶素娥去參加朋友家的舞會，那是座日本式的住宅，把拉門拉開，就成寬闊的舞池，這在當時，應該算是很時髦的社交活動了。舞會中，江丙坤和一位漂亮小姐跳華爾滋，眼底盡是溫柔。「這大概就是他心儀的對象吧！」素娥看了，這麼猜著。

果然事實便是如此，但江丙坤仍經過好長一段時間，才託人去說媒，不過好事多磨，婚事被拒絕了，因為江家太窮，而且新媳婦入門，若得煮二十多人吃飯的大飯鍋，實在太嚇人！但江丙坤並未放棄，經過一番轉折，終於求婚成功。

結婚那天，賓客盈門，熱鬧非凡。新娘家境富裕又頗受父母疼愛，嫁妝不少，左右鄰居都來看新娘子帶來豐厚的嫁妝而嘖嘖稱美，擔任媒人的縣府地政科科長紀明賜還拿出一張支票，當眾宣布這是新娘子一筆數目不小的陪嫁，引起大家熱烈的掌聲。

江素娥的新嬸嬸，不但氣質高貴，又有閉月羞花、沉魚落雁之貌，難怪江丙坤會對她一見傾心，非卿莫娶！待兩人締結良緣後，從此，素娥又多了一個疼愛她的人。嬸嬸對她呵護有加，也常帶她去新街娘家玩，回來時，總帶回滿滿的禮物和一個大大的紅包，所以她相當喜愛這位新嬸嬸，同時也佩服叔叔的好眼光。

後來江丙坤到日本唸書，素娥還在家陪嬸嬸住了一年，素娥常想：「嬸嬸可說是世上最幸福的女人了，不管環境如何改變、歲月如何流逝，她總見叔叔永遠小心翼翼地牽著嬸嬸的手，細心呵護著她，一如當年初識時。」

其實，江丙坤是藉著「近水樓台」，把陳美惠追上手的，因為兩人是縣政府同事。

前南投縣政府地政科科長紀明賜說，當年陳美惠初到縣政府服務，江丙坤對她可說是一見鍾情，馬上就認定她是一輩子的伴侶。可是，美惠當時才二十歲不到，她的父母都捨不得這麼早就把她嫁出去。當時江丙坤因此心情低落了一陣子，可是本著堅毅、執著、認真的態度，江丙坤以誠心感動美惠的父親，終於首肯了這門親事，成就一段好姻緣。

江丙坤娶到的夫人，擁有幫夫運的「硃砂掌」，這是外交界人士發現的。

據前外交部顧問夏光炎說，還記得江丙坤在南非任職期間，有一次歡迎我國駐賴索托大使劉達人來約翰尼斯堡度假的餐會中，由於劉大使在外交部被部內同仁稱之為聖人，大家都尊稱他為「達公」。達公年高德邵，博學多才，會測字，還會看手相。於是在餐會後的餘興節目中，大家都主動伸出手來向他領教。令夏光炎印象深刻的是，當達公看到江商務專員丙坤夫人的手相時，突然高興地大聲的說：「江夫人的手掌是『硃砂掌』，是難得一見的幫夫運的硃砂掌，將來江商務專員一定會升遷到董事長的崇高位置。」可不是嗎？達公之言，今日不已早就應驗了嗎？

江丙坤夫妻感情一直好得不得了。譬如，前外貿協會主任李金安說，一九八六年，貿協有一項員工自強旅遊，是去南投日月潭附近的九族文化村玩。江丙坤秘書長捨其座車，偕同夫人與貿協同仁及眷屬同搭遊覽車前往。抵達目的地後，眾人魚貫下車，江秘書長手牽夫人徐行在前，忽見江秘書長肩上掛有一物，細看竟是夫人的隨身皮包。早年，台灣男尊女卑的觀念十分嚴重，夫妻出門，常是男在前行，女

▲江丙坤如願迎娶良妻美眷（1960 年）。

▲江丙坤伉儷結婚照（1960 年）。

在後跟，甚少攜手同行的情形，尤其男人在職場如身居高位，此情尤甚。然江秘書長以貿協大家長之尊，率領同仁自強旅遊，不僅捨座車就遊覽車，以親近同仁，更在同仁眾目睽睽之下，以身示範「女」男平等、尊重女權的最高境界，尤其更充分展現「治國」必先「齊家」的真諦，且這一切，做來毫不忸怩作態，雖不落言詮，身教卻已完全落實其中。

還有，江丙坤友人許信一提到，南投於一九九九年發生九二一大地震，震撼全台，其震央離許家不遠，江丙坤老家亦被震毀。身為南投人，江丙坤自然深表關切。許信一記得那年，江丙坤號召南投旅北同鄉，於台北國軍英雄館舉辦災後重建報告。他在台上對南投鄉親演講時，提到有一晚他對江夫人說：「妳身上還有沒有財物可以拿出來救災？」江夫人二話不說，就以身上僅有之一條的金飾拿去變賣，以所得款項賑災。江夫人這種拋磚引玉，能割捨身邊貴重財物去救濟災民，多麼令人讚賞與懷念。當時許信一深受感動，亦慷慨解囊。一個成功男人，背後有一個偉大的女人，江夫人當之無愧。對於災後重建，江丙坤責無旁貸，南北奔波不遺餘力，這一點，南投災民永不會忘記。

前交通部政務次長陳世圯則提到，江丙坤及夫人的鶼鰈情深、重視家庭溫馨、重視身體保健，以及對子女的教導有成，更是相識者皆稱羨的模範家庭。舉一例為證，不論任何場合，江丙坤賢伉儷一定是「牽手」同進，而且是「十指環扣」無比深情；看在陳世圯夫人眼裡，更是頻頻跟陳世圯提點「看江董夫婦多恩愛，要多學著點」。

陳美惠的藝術才華，在政壇也有一定的名氣。據考試院銓敘部長張哲琛指出，江丙坤一生能將全部時間、精力投入政務，貢獻國家無後顧之憂，誠賴夫人陳美惠女士背後的支持。夫人不僅治理家務井然有序，且喜歡繪畫、歌唱，在藝術領域才華洋溢，子女也教育成功，待人親切，事業有成，可謂一門俊彥，孫兒女也活潑可愛，三代同堂，共享天倫。

張哲琛與江丙坤除有多年的工作情誼外，張夫人也有緣成為江夫人陳美惠女士組建的台灣雅樂合唱團成員之一，平日利用閒暇聚會練唱，江丙坤對於夫人的興趣，不僅全力支持，並鼓勵有加，相互扶持，伉儷鶼鰈情深，令人印象深刻，張與江兩人常以合唱團團員眷屬的身分，參加聚會並聆賞她們的演出。

金仁寶集團董事長許勝雄也認為，江丙坤能奉獻畢生心力於國家，得力於江夫人與家人的全力支持。江夫人出身南投名間望族，慧眼識英雄，嫁給品學兼優的貧農之子，兩人愛情堅貞、鶼鰈情深，閩南語的「牽手」用在他倆的身上是最妥切寫真了，不管到哪裡、在哪種場合，總是看到他們手牽手，相互扶持著，真的讓朋友們好生羡慕。

每憶於此，許勝雄腦海中也常又浮起，每次夫人的合唱團在台上唱歌時，江丙坤那種聚精會神、那種滿足、那種陶醉，總是能在他的臉上清楚感受到，而且一定是會場第一個用力拍手的聽眾。每每憶此，常讓許勝雄動容而嘆：「有夫如是，夫復何憾！」而且他倆同樣常因公而忘私，隨職務調動而與家人常分隔兩地，無法留在身邊照顧孩子，至今三位子女雖已成家立業，從日常言談中，常得窺知兩老心中仍有所虧欠，希望能多留時間給家人，同享天倫之樂。

第二章

居留日本　嶄露頭角

一、開展留日機緣的剪報

一九六〇年八月二十五日，江丙坤通過中國國民黨中央黨部第一屆中山獎學金地政科甄試，隨後，於一九六一年三月九日，由基隆港搭乘輪船赴日留學；上船前，聰明的江丙坤，買了三簍香蕉，隨身帶至日本，因此賺進一年學費。

江丙坤由此展開其「縱橫國際」的生涯。不過，當時能留學日本，是因為他考上中山獎學金，而當初中山獎學金招考訊息，還是其二哥江丙丁從報上看到、寄給他的，他才知道有此機會。這真是「兄弟牽成」的機緣；要不然，江丙坤後來的生涯故事，很可能會大大變調。

關於這項留日機緣，江丙坤說，相較於大哥，二哥丙丁就像慈母，他跟二哥也比較有話說。一九六〇年二月江丙坤結婚，那年的四月，他到成功嶺受訓一個月，幾乎過著與世隔絕的生活。所以，江丙丁看到「中央日報」刊登一則「中國國民黨招考第一屆中山獎學金」小廣告，立即把剪報寄去，鼓勵他去試一試，江丙坤也就把握住機會，決定去應試。

雖說那只是小小一張剪報，卻改變了江丙坤的一生。

考試當天，又剛好是成功嶺結訓典禮，原本江丙坤很擔心無法赴考，所幸輔導長通情達理，讓他趕赴考場，順利完成考試，更幸運獲得錄取，搭上了國民黨辦的第一屆中山獎學金留學列車，這一機遇，使江丙坤的世界，自此變得很寬廣。

二、在日求學人助助人

江丙坤到了日本，就讀「東京大學農業經濟研究所」，先讀碩士班，後賣力攻讀博士，都順利取得學位。在日求

▲江丙坤在日本東京大學認真求學，順利取得學位（1961年3月於東大赤門前）。

學期間，也熱心「中華民國留日同學會」的活動，曾任該會會長一職。

政大教授林恩顯回憶起，一九六三年於日本東京初見江丙坤，當時他就讀於東京大學農經研究所，同時兼差於我駐日大使館經濟參事處，並熱心「中華民國留日同學會」（會員約一千人）的會務，也曾任該會主席；日後，林恩顯就在江丙坤、黃清林兩位前主席引導下，也參加了該會。

該會以聯絡服務團結在日本唸書的同學、支持我國政府為宗旨，受我國駐日大使陳之邁、大使館文化參事處宋越倫、余承業、邱創壽、楊秋雄諸先生的輔導，在華僑總會林以文、李合珠、張和祥、劉添祿等僑領的協助下，籌辦各項慶典活動，諸如雙十國慶、青年節、春節等，以及舉辦聯誼活動。

該會在歷任主席：林明堂、黃清林、江丙坤、林士珍、高文雄等經營下，頗具基礎與向心力，林恩顯在此基礎下，接同學會主席職務；加上陳鵬仁、呂秋文、劉焜輝、張文雄、張崑雄、城仲模、吳老擇、許水德、蔡柱國、顏明宏、陳達呈、余範英、陳澄雄、謝俊哲、馮奮、周美惠、吳曉忠等同學的協力下，接受兩屆主席任務。期間受到江丙坤的指導尤多，影響亦大，林恩顯迄今感念不已。

▲在東京大學的校園生活，為江丙坤奠定了豐富的學養基礎（1962 年 2 月）。

一九六四年三月三十日，江丙坤取得日本國立東京大學農業經濟碩士學位，但同時，中山獎學金也終止供應。為了繼續留在日本攻讀博士學位，江丙坤頗費了一番周折，慶幸於再得貴人相助。

關於這段過程，江丙坤自述說：「留學日本是我的夢想，惜當時家境拮据，根本不可能供我出國留學，中山獎學金的確幫了個大忙，但修完碩士後，我想繼續唸博士，不過當下已無獎學金可以支應，我只能靠半工半讀，才得以持續攻讀博士學位。」

承蒙當時駐日本大使館文化參事處專員余承業先生協助，江丙坤在文化參事處找到打工機會，過了半年，又被挖角到新聞參事處打工。那時她的夫人陳美惠已帶著大兒子江俊德來日本一家團聚，她也到駐日大使館文參處當事務員，夫妻倆努力工作，苦撐了兩年，生活實在過得很辛苦。捨不得妻兒陪同受苦的江丙坤，曾一時興起不如歸去的念頭。

多虧經濟參事處的劉維德先生看到當時他的境遇，跟他表示，已向經合會陶聲洋先生爭取了一個兩百美元月薪的職缺，要江丙坤到經濟參事處工作，日子雖然還是很苦，但總算比較好過一點。另外，那時的公使銜經濟參事是前台銀總經理瞿荊洲先生，也一直鼓勵江丙坤：「你要什麼書，就儘量去買，你要唸什麼學位，就儘量去唸，別擔心。」提及此段往事，江丙坤總是滿懷感激地說：「瞿荊洲先生是讓我順利完成博士課程，一位很重要的貴人。」

江丙坤於一九七一年一月二十五日，取得日本東京大學農業經濟學博士學位，博士論文題目為「台灣地租改革研究」；該論文亦於一九七三年元月，在東京出版。

除此之外，當時國民黨李煥主任來東京洽公，約見拿中山獎學金的國民黨員時，聽江丙坤說，在日本唸博士，沒有獎學金，必須半工半讀，實在太苦，打算放棄回國。李煥鼓勵他莫輕言放棄；李煥說他自己過去在哥倫比亞大學沒有唸完博士，至今終身遺憾，他要江丙坤一定要堅持下去。

江丙坤在拿到東京大學的農業經濟學博士學位後，有一次機會見到來日本考察業務的李煥，並且告訴李煥說，如果不是他的鼓勵，說不定早就半途而廢了，「我的博士證書，有一半是你的」。後來李煥回到台北，時常關心江丙坤的仕途，他當行政院長時，接受陳履安部長的推薦，調升江丙坤當經濟部常務次長，此恩情，江丙坤至今一直都感念在心。

▲駐足大阪車站前的江丙坤（1961 年 7 月）。

▲江丙坤夫妻返台省親（1961 年 7 月）。

▲江丙坤一家於農曆元旦合照（1961 年）。

▲日本鎌倉之旅，難得悠閒欣賞美景（1961 年）。

▶悠閒自在的日本熱海修繕寺之旅（1961 年 4 月）。

◀江丙坤陪同日本老師遊東京（1961 年 7 月）。

▶江丙坤對日本有著濃厚的情感（1961 年）。

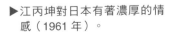

江丙坤在日本求學期間，得到不少貴人相助，而他也積極幫助人，成為不少人的貴人。

像前外貿協會東京辦事處主任張錦麟，年輕時為留日求學，於一九六二年十月七日晚上飛抵東京羽田機場。因寄出的信件出誤，朋友沒來接，經聯繫後，有人要他詢問一位江丙坤學長幫忙，雖是第一次見面，但江丙坤很親切接待，帶他去公共浴場（錢湯）洗澡，讓他安心愉快地度過留日的第一夜，當時的張錦麟真是謝天謝地，非常感激。

第二天，朋友來接，張錦麟也就告辭了。沒想到在幾個月後，江丙坤又聯絡他，

▲江丙坤（右）經靜岡赴御前崎拜會山本老師（1962 年）。

介紹他到一家華僑經營的公司打工，擔任大廈的夜間管理人，白天上學，晚上回大廈上班、住宿；這是當時留學生最羨慕的打工機會，他很感謝江學長的照顧。其實江丙坤對他的照顧不只如此，在一九六七年初，江晉升我國駐日大使館經參處正式編制人員，而原有打工職位出缺，他就向經參處公使銜經濟參事瞿荊洲先生推薦張錦麟順利遞補。

此外，廣東珠海台商，太陽神電子有限公司董事長楊永祥也說，他於五十年前到日本留學時，有幸認識了留日同學會的江丙坤會長。雖然兩人所學不同，楊永祥是在早稻田大學攻讀理工學碩士，而江會長是在東京大學進修農業博士，但每逢過年過節，在東京留學的台灣子弟相聚在一起的時候，江丙坤會長以大家長的身分與離鄉背井的留日台灣學生共度佳節，享受溫馨的時光。

三、使館任職屢獲肯定

一九六七年，江丙坤還在攻讀東京大學的博士學位，即獲國內張導民主計長推荐、李國鼎部長同意，成為我國駐日大使館經參處處員，正式加入經貿外交團隊。

◀江丙坤一家人在東京展開新生活（1970 年）。

▶長女素華、次男俊宏皆於日本出生（1970 年）。

張導民何以推荐江丙坤？根據江丙坤自述，當時他之所以從留學生變成駐外商務人員，是因一九六六年，時任行政院主計長的張導民先生赴日考察，江丙坤陪他在東京參訪，替他翻譯，一次在車上，張導民忽然問起：「江先生，我看你氣質很好，日文又翻譯得那麼精確，是不錯的人才，有什麼需要我幫忙的嗎？」江丙坤告訴他：「經參處出了一個處員的缺，我有高考及格的資格，能不能補這個缺？不知道有沒有這個機會？」張導民說沒有問題，他會跟李國鼎部長講。

江丙坤與張導民素昧平生，卻能得此助力，相當感恩。經過他推薦，剛好在一九六五年已與李國鼎先生有一面之緣，李國鼎先生很快就同意讓江丙坤擔任經參處處員。日後，又承國民黨秘書長張寶樹先生的協助，向經濟部孫運璿部長轉達江丙坤調職的意願，並得到國貿局汪彝定局長的首肯與提拔，調派江丙坤到南非籌設商務專員處獨當一面。

關於江丙坤在駐日經參處的表現如何？前駐菲律賓等國大使詹憲卿很早就有體會。

詹憲卿於一九六四年通過外交特考，進外交部服務，分發在國際組織司工作，承辦聯合國亞洲暨遠東經濟委員會（簡稱亞經會）業務。一九六七年，亞經會在東京舉行，政府派經濟部長李國鼎先生為首席代表、農復會秘書長蔣彥士先生為副首席代表、中央銀行經濟研究處長錢純先生等為代表，組成十二人的代表團前往日本參加。當時在駐日本大使館經參處任處員的江丙坤和詹憲卿兩人被派為代表團秘書。

代表團抵達東京羽田國際機場時，就看到江丙坤熱情地招呼全體團員，協助全團快速通關入住大會所在的東京王子大飯店。由於詹憲卿這一次到日本出任務，是其平生第一次出國，加上日語不通，所以全團的庶務工作完全仰賴江丙坤秘書，詹憲卿表示他自己真不好意思，只會與大會秘書處接觸，索取與分送會議資料。而江丙坤秘書的熱誠、勤快，全團都讚賞又感激。詹憲卿在大會期間，曾找機會跟江丙坤攀同鄉情誼，並表敬慕之情，當時詹憲卿就曾跟江丙坤說，看他儀表堂堂、氣質不凡、學有專精、細心、誠懇又周到，將來必定步步高陞，成為國家棟樑，日後果然預言成真。

這次江丙坤在亞經會期間的表現，顯著提升了江丙坤在國內政壇的知名度。神通電腦公司董事長果芸就說，他此生第一次聽到江丙坤先生的名字，是從李國鼎先生該次訪問日本報告中聽到的，李國鼎先生表示，訪日的意外收穫是認識了江丙坤。那時江先生正在日本求學，大使館臨時延請江先生擔任李國鼎訪日翻譯工作，李國鼎先生說：「江丙坤不但日文好，他工作的認真，在談話中所表現的智慧，以及待人的真摯誠懇，真是國家難得的人才。」江丙坤回國後，幾次面見李國鼎先生，果芸都作陪，也親眼見到江丙坤不多言，但言必有中的表現。

前駐南韓代表林尊賢則回憶說，他和江丙坤最常來往的時期，是一九六〇、七〇年代，同時在東京駐日大使館工作的時候。當時駐日本大使館聚集多數年輕的台灣籍外交官員。在林尊賢記憶中就有：由外交部派來的詹明星、林金莖、徐漢飛、林尊賢、黃新壁（依年齡序列，尊稱略，以下均同），由國防部派的郭宗清、葉照明，經濟部派的劉維德、江丙坤、陳萬春，由教育部派的邱創壽、楊秋雄，由新聞局派的黃老生，由司調局派來的詹益彰、程泉等。他們這一些台籍年輕外交官員，在戰前受過或多或少的日式教育，通曉日語，瞭解日人風俗習慣，派在日館工作較為方便，成為一批生力軍，工作相當忙碌。

在一九六〇、七〇年代，大型噴射客機為數尚少，所有自台北飛北美、中南美

◀江丙坤（右）於盛岡會小學老師佐藤先生（1970 年 6 月）。

▲參加日本萬國博覽會之特別入場券（1970 年 7 月）。

▶江丙坤（左一）和友人共同參加日本萬國博覽會活動（1970 年 7 月）。

▲在巴西聖保羅街頭留影（1972 年 5 月）。

▲江丙坤（左）和友人在美國紐約合影（1972 年 5 月）。

的民航機，均以東京為第一過境站，再經過夏威夷飛美國本土。林尊賢曾經在駐菲律賓大使館三等秘書及駐澳大利亞大使館二等秘書任內，追隨過陳之邁大使多年，派任駐日大使館一等秘書後，續任陳大使機要秘書工作也負責督導總務組工作。

駐日大使館是僅次於駐美大使館的我國駐外大機構，除了外交系統的政務、領務、秘書、總務四組外，尚有陸、海、空三個武官處，經濟、文化、新聞三個參事處及其他負責特殊任務的工作單位。總務組的工作除了會計、出納、一般庶務均有專人負責外，最繁重的就是接送照料國內訪問團，包括眾多過境的特使團、代表團、政要及赴任、回任的部內外交人員。戰後日本政府對各國駐日大使館頗為重視優遇，中華民國又是聯合國安理會五個常任理事國之一，當然對我國駐日大使館，亦甚為尊重。

鑑於我使館各單位每天都有派遣複數官員進出國際機場接送機之需求，為了節省申辦出入機場證的過程與時間，日本有關機關就將可佩帶自由進出國際機場的證章四枚，交由我大使館自行保管支配使用（限於正式館員），倘當天訪賓特多，四枚證章不夠用時，另再向機場管理處提出申請，加發證章。

林尊賢每天早上到總務組上班後，首先要處理的工作，就是如何安排分配館內各單位使用四枚機場出入證章的優先次序。當時他發現在各單位申請中，核定優先交予江丙坤使用的情況頗多。理由絕非是江丙坤與他是二期預官班的戰友，或同住在元麻布三丁目（大使館旁）的鄰居，也不是他倆同屬在四谷的東京中華學校家長會成員。讓林尊賢理直氣壯、排除眾議，請江丙坤優先使用證章的理由很單純，因為他接機的對象較其他人重要。

當時正是我國經濟蓬勃發展的時期，我國財經主管帶團出訪，或考察或參加國際會議的情況甚多，而諸如李國鼎先生、蔣彥士先生、陶聲洋先生等來日訪問或過境東京時，常特別囑示，請江丙坤前往接機照料或陪同。當時江丙坤在大使館經濟參事處工作外，也在日本第一學府東京大學攻讀博士學位，極為忙碌。他在經參處內也不算是資深官員，在此種情況下，諸多有才識有遠見的長官們，多屬意他接機陪同，可見江丙坤為人處事的成功。

認真、努力、踏實、圓滿而且不斷的求上進，是林尊賢對江丙坤的認知與尊敬。林尊賢認為，嗣後江丙坤不僅在外交、經貿界活躍，也在其他行政、立法多項領域創造美好的成就與貢獻，都基於他超人的特長與不斷努力求上進的開花結果。

江丙坤在駐日大使館的工作，還有其他值得記載的事續，譬如，一九七一年，他奉公使瞿荊洲派赴大阪，驗收萬國博覽會會後中國館拆除工程。一九七二年六月，江丙坤升任駐日大使館經濟參事處助理商務專員。

前經濟部商品檢驗局局長林能中也回憶：「我和江丙坤部長結緣甚早，一九六六年我初任公職，進入行政院國際經濟合作發展委員會工作，當時分派給他任務中的一份重要工作，就是承辦中日技術合作計畫（日本政府經由該國海外技術協力事業團——OTCA對台提供技術協助之業務）。當時在業務協調中，遇到須與日方諮商討論解決問題時，即經由我駐日大使館經參處協助，因此於一九六九年左右，即常接獲署名『江丙坤』致曹嶽維處長的親筆書函，這是我最早對江部長的認識。」

「由於業務的需要，由曹處長請求『江丙坤』協助的事務也越頻繁，也因為『江丙坤』處事明快、效率高，因此以後很多對日事宜常直接以箋函請求『丙坤兄』協助，以取代較繁瑣的正式公文。」林能中笑道：「我是承辦人，當時與『江丙坤』雖從未謀面，但已深深了解在東京有一位認真負責、處事細膩明快，隨時可以幫忙的外館同事。我相信江部長當時也不會想到那位箋函公文草擬者，會成為他在經濟部的部屬，且是受江部長影響很深的部屬。」

第三章

派駐南非　經貿外交

一、派至南非首任經濟參事

南非是江丙坤經貿外交生涯中，繼日本之後的第二個駐在國。一九七三年十一月二十三日，江丙坤奉經濟部派駐南非約翰尼斯堡總領事館，籌設商務專員處。他於次年三月二十六日，抵達南非履新。

前總統府秘書長楊進添，當年和駐在南非的江丙坤，有很密切的合作關係。楊進添說，他得識江丙坤，始於他在外交部非洲司擔任薦任科員之時（一九七四年）。那時，江丙坤甫奉命自駐日本大使館經參處改調駐南非約翰尼斯堡總領館，任務是成立該館商務專員處並擔任首任商務專員，加強推動中（台）斐雙邊經貿合作。楊進添沒想到，他也於同年（一九七四年）奉派駐賴索托王國大使館擔任三等秘書（按，賴國全境為南非包圍，是「國中之國」），直至一九八三年，因兩國斷交而奉調返國，時間長達九年。

一九七六年，我國與南非邦交提升為大使級關係，在首都普利多利亞設立大使館。江丙坤則於一九七九年就地升任我駐斐大使館首任經濟參事，同時負責我與南

◀▲家人跟隨江丙坤經泰國轉進南非赴任（1974 年）。

部非洲各國經貿關係，每週分別在斐京與約堡兩地來回辦公數日。由於江丙坤與楊進添派駐的時間幾乎重疊，又是舊識，楊常有機會就經貿議題向江丙坤請益，兩家也常有機會互訪。

當時南非為白人少數政府統治，因採行種族隔離政策之故，遭國際社會孤立，我國則甫被迫退出聯合國，國際處境同樣艱困。中、斐經貿互補性強，兩國合作主要集中在貿易。楊進添認為，我駐南非關鏞、楊西崑先後兩位大使能獲江丙坤協助推展中斐經貿關係，真是如虎添翼。

前外交部顧問夏光炎，回憶於一九七〇年至一九七五年，他本人在我國駐南非約翰尼斯堡（以下簡稱約堡）總領事館服務期間，說：「那可真是一段令人難忘、無比溫馨的時光，除了當地的地理環境優越，氣候宜人，物產豐又便宜之外，幾乎生活所需物資，無論是中國貨或西洋貨，一應俱全，無虞匱乏，更重要的是『人和』。」

當時我國駐約堡總領事為李惟岷先生，不僅他才德兼備，待人和藹可親，他的夫人梁錦文女士也是賢淑厚道，非常慈祥。這期間江丙坤先生以經濟部專員名義奉派來約堡開設經濟部商務專員處，拓展中（台）、斐（南非）貿易，為我駐約堡總領事館增添一支強而有力的生力軍。在李總領事領導下，融為一體，不分彼此，就像一個大家庭，和樂融融，不僅時有往來，而且每逢週末幾乎都舉辦一次各家大小全體一齊參加的餐會，這種餐會是以家庭為單位，各家自動輪流主辦類似烤肉活動的聚會，不拘形式，老少盡歡；可說是快樂無比，令人終身難忘。

前駐拉脫維亞等國代表陳西忠則說，一九七七年，他在外交部工作三年後，奉派至中華民國駐南非約翰尼斯堡總領事館擔任副領事。江丙坤當時擔任總領事館商務專員，不久之後並升任駐南非大使館經濟參事，對南非地理環境及國情已很熟悉。陳西忠表示，他們夫婦第一次外放，對駐外生活及南非情況完全陌生，能認識熱心助人的江參事伉儷，甚感榮幸。和他們相處五年，獲得許多協助及照顧，使他們夫婦首次外放生活能夠過得平安順利，充滿溫馨的回憶。

「江參事夫婦待人和藹親切，喜好朋友。在他們駐在約翰尼斯堡期間，江參事官邸和駐南非約翰尼斯堡總領事官邸一樣，已成為旅南非國人的精神堡壘。兩處官邸均位於約翰尼斯堡最好的住宅區——Houghton，官邸占地寬廣，四周綠草如茵，

▲江丙坤摯愛的家人攝於住家前（1974 年 4 月）。

▶江丙坤全家福（1975 年 7 月）。

◀江丙坤的家人們於南非的第二個住家前合影（1978 年 1 月）。

▲能與家人一起慶生，江丙坤（中）感到相當滿足（1979 年 12 月）。

花木扶疏，身處其間，讓人心曠神怡。」陳西忠說：「江參事伉儷並用心布置室內，使官邸內部潔白樸實、明亮大方，與室外一片綠色，相互輝映。到江府作客，一進大門即有令人煥然一新的感覺；加上主人誠懇待人，熱心招呼，讓客人感到無拘無束，有如返家一般的溫馨舒適。江參事公子俊德、俊宏及千金素華，當時約十歲上下，個性善良溫和，並喜歡小孩，尤其是俊德耐心帶領一群小孩，並和他們玩在一起，是孩子們心目中的大哥哥。到江府拜訪客人若攜有小孩，都能得到他們妥善的招呼與照料，因此連小孩都喜歡到江府遊玩。」

一九七〇年代，南非還是一個由白人少數政府統治的國家，許多運動及娛樂設施均只准許白人使用。因此我國派駐南非工作人員，除駐開普頓洪總領事健雄及徐領事雲鳳外，幾乎無人會打高爾夫球。江丙坤參事是駐南非大使館及駐約翰尼斯堡總領事館同仁中第一位提倡以打高爾夫球健身的長官。陳西忠夫婦、經參處同事林聖忠、謝發達、武官處高武官仲源及兩位副武官，以及當時我國軍方派在南非學醫的學員林錦松、余夢誠等，均響應號召，投身高爾夫球運動，使得學習打高爾夫球一時蔚為風氣。

陳西忠說：「江參事在駐日本期間，即已習得很好的打高爾夫球球技，每次發球都能打得又直又遠；相較之下，我們這群初學者打出去的球則偏離球道，左右亂飛，急忙拖著球袋，跑步到處找球，非常狼狽。江參事遇到這種情況，總是耐心等待我們將球再打回球道，並教導我們如何擊球，以免小白球到處亂竄。在江參事的督促下，我們都勤練球技，大家的成績能有所進步，真要歸功於江參事的熱心指導。」

由於江丙坤生長於南投農村，喜愛種植蔬果、花草。因此他在南非經濟參事官邸後院也闢有幾畦菜園，種植多樣台灣蔬果。陳西忠笑說：「每次到江府作客，除能欣賞庭院中的各式花草外，也能看到一片欣欣向榮的蔬果，令人有生意盎然的喜悅。江參事親手種植的蔬果，除自用及招待到訪客人外，有時也送給同事，讓他們這群旅居海外的國人也有機會一嚐家鄉的滋味。」

李國鼎先生也曾在這裡品嚐過家常口味。據李國鼎數位知識促進會執行常務理事兼秘書長李偉透露，一九八〇年三月孫院長率團赴南非訪問，國鼎先生為團員之一，而李偉也以隨員身分陪同，那時江丙坤先生擔任我駐南非經濟參事，訪非期間

▲江丙坤於約翰尼斯堡辦公室（1976 年 6 月）。

▲楊西崑大使。

▲江丙坤（右）攝於南非大使館辦公室（1976 年 3 月）。

▲江丙坤（右）接待來訪的李國鼎部長（1980 年）。

▲江丙坤夫人（右）於雙十國慶留下美麗的倩影（1976 年）。

▲工業總會林挺生理事長率團來訪（1975 年）。

國鼎先生曾抽空前往江先生住所晚宴，江夫人準備了一些家常小菜招待，在出國中能品嚐家常口味，難怪國鼎先生讚不絕口。席間江先生將南非經濟貿易發展向國鼎先生詳細報告，國鼎先生提出許多問題，江先生也一一解答，讓國鼎先生在一席之間深入了解南非的經濟現況，也對江先生留下深刻印象。

二、人員編制精簡的良心事業

前國際貿易局主任秘書王振福說，一九七九年他首次外派，即分發到南非，當時商務專員處升格為經濟參事處，依規定我駐南非大使館經濟參事處須派一位同仁赴首府斐京與駐南非大使館合署辦公，因此他於抵達南非約翰尼斯堡旋即在江丙坤參事的帶領下，驅車前往斐京報到任職，江參事則約每週二至三次前來斐京洽公，兩地奔波。

王振福回憶當年追隨江參事在斐京工作的若干工作點滴。他說，經濟參事處在斐京主要任務是鞏固雙邊經貿關係及為我廠商解決面臨貿易障礙，當年主要交涉對象為南非工業貿易部各個部門，當時王振福第一次派駐國外，像一張白紙，每次陪

▲江丙坤（前排右二）派至南非首任經濟參事，與同仁和樂互動（1978 年）。

▲當時駐南非的楊西崑大使（前排右四）與使館同仁們（1978 年）。

▲經濟部張部長光世訪問開普頓（1979 年 11 月）。

▶江丙坤（左二）與楊西崑大使（左一）合作無間（1978 年 7 月）。

▲江丙坤（上排右一）陪同央行俞總裁國華夫婦一行人赴開普頓訪問（1981 年 8 月 27 日）。

同江參事參與外賓的開會，即領教到江參事的交涉功力。江參事思考組織力強、心思細膩以及事事講求效率、工作熱忱的精神，每次討論都能讓外賓折服而接納江參事深入且具雙贏精神的各項建議，使多項交涉均有所斬獲。

駐外人員的編制一向精簡，而駐外工作是一種良心事業，若勇於任事，保證事情做不完，若是像一般公務員朝九晚五，那絕對會混得很開心。追隨過江參事的人應可以認同，在他的領導下，他雖然會使同事晝夜辛勞，不眠不休，但同時也會毫無怨言地為他工作，在外交領域上共創佳績。

王振福記得，當年南非經貿往來次第展開，南非實施「種族隔離」政策更帶給台灣無限的商機，因此官方及民間經貿訪問團很喜歡到南非考察拓銷，這些工作全落在經參處的身上。而自相關訪問團的參訪安排與接待，可以看出江參事一流的功力。從參觀訪問、接送機、車輛安排、飯局招待、旅館訂定、房間號碼的準備，甚至包括何時「叫床」，鉅細靡遺，總令訪賓感到賓至如歸。不只事前要一再沙盤推演，事後也要檢討追蹤，如此一來，工作絕對閒不下來。

再者，王振福當年一人外放斐京首都（江參事及其他同事長駐工商重鎮約翰尼斯堡），他原以為江參事應鞭長莫及，偶爾可鬆口氣，惟江參事想出一個好點子，認為有必要定期提供國內完整的南非經貿商情，供廠商拓展商機參用，囑咐每星期要撰寫一份「南非經貿商情簡報」。寫商情報導倒是不難，但每星期要固定出版一篇專題報告、十篇一般商情報導，可以想像要花費許多工夫。由於當年並無電腦打字，多由王振福本人寫草稿，他太太重謄繕寫，再郵寄到國內各政府經貿單位及工商團體，週末趕工加班，是家常便飯。直到今日，王振福還能養成蒐集資料、整理分析的習慣，也特別感謝江參事當年的指導。

外交部長林永樂則說，江丙坤最初是他在駐南非大使館任職期間的前輩。林永樂在一九八〇年從外交部外放到南非大使館任職，隨後擔任楊西崑大使的秘書工作。當時江丙坤擔任經濟參事，負責推動我國與南非的經濟合作業務。在八〇年代，南非是相當重要的外館，雙邊貿易關係發展迅速，無論在貿易、投資、農業、工礦方面的合作都互蒙其利。楊大使對江丙坤之工作績效及專業均極為肯定，在許多場合都曾提及。

經濟參事處的幾位同仁都非常優秀，包括後來擔任經濟部政務次長現任中油董事長的林聖忠，及前駐新加坡代表謝發達，當年在江丙坤帶領下，都有許多具體成果。在印象中，多位經濟部的首長、高級官員都曾到南非訪問，對於兩國在經濟合作關係之進展均十分稱許。當時也是中華民國與南非邦交的黃金時期，對所有在南非工作的同仁都有相當美好的回憶。

中油董事長林聖忠說，江丙坤先生是他公職生涯的第一位主管，同時也是對他影響深遠的一位長官。

林聖忠於一九七九年六月奉派南非經參處服務，那時他二十七歲，帶著二十三歲的太太及十一個月大的女兒懵懂赴任。當時的約堡，在他們心中真是天涯海角；交通、通訊、物資、環境簡陋且欠缺，與今天不可同日而語。對於初任公職首次離鄉的他，心中的茫然與忐忑，可以想見。

抵任當天，迎著濛霧及寒風，江先生與魏可銘秘書親自來 Jan Smuts 機場接機，魏秘書為他提行李、江先生抱著他的小女兒，在隆冬中，他的內心感受到一分溫暖。到了旅館房間，發現廚房裡已準備了國內的米、醬油、味精及必要的日用品，更是令他感動，當時情景至今仍歷歷在目。

林聖忠說，南非七年是他公職「養成教育」中最重要的階段。彼時中（台）斐兩國邦誼篤睦，楊西崑大使格局恢弘，經濟、貿易、科技、能礦、農漁等領域的合作交流，源源不斷，高階人員往來頻繁。江先生勇於任事、使命必達，是大使最倚重的一位幕僚。江門四徒——可銘、振福、發達及聖忠，言語、才能、德行，互有長短；江先生則截長補短、因材施教，對他們各有倚重。也因此，他們總是分工合作，相處融洽。除了學習做事，更重要的是學習做人。「做人誠懇、辦事認真」，是林聖忠追隨江先生多年，偷偷學到、奉行不渝的圭臬。

南非經參處像一個大家庭，公務之餘大夥兒輪流在不同的家庭聚餐。江夫人耐心教導年輕的眷屬烹調各種家鄉口味及持家、理財、馭夫、教子的要領，孩子們在院子裡玩耍、男生們打球聊天；逢年過節發紅包、看電影、共享應節食品。這種同仁及眷屬間工作、生活所培養的情感，醞釀成為林聖忠往後公職生涯中最珍貴的「本錢」。

三、眼光獨到購置官舍

經濟部政務次長卓士昭則指出，他當年在南非的第一段歲月（一九九一年至一九九六年），經歷了南非由種族隔離制度白人統治轉變至黑人當政時期（一九九四年曼德拉當選首屆南非黑人總統），變化不可謂不大。加上當時南非是我國最大、也最重要的邦交國，駐南非大使館陸以正大使嚴格督促館內同仁盡一切力量加強兩國關係，維繫邦交，尤其是經貿投資關係。因此，每天戰戰兢兢，日子過得甚為緊張、忙碌與充實，館內許多同仁因受不了壓力而請調，甚至請辭。

所幸，當年江丙坤在南非擔任經濟參事期間，與政府及僑界關係良好，只要提起 **P. K.**（江丙坤名字英文縮寫）大字，莫不稱譽有加。因此遇到疑難雜症時，說明他是 **P. K.** 舊屬，大家均很願意與熱心提供協助，使他工作順利許多。第一任在南非六年直至調返國為止，工作、生活皆稱順利。惟可惜在卓士昭調回國半年後，南非宣布與我國斷交，轉與中國大陸建交。

卓士昭說，另外值得一提的是，經濟部在海外唯一擁有的一幢官舍，即是江丙坤在擔任南非經濟參事時所購置。此官舍占地一英畝，為兩層樓白色花園洋房，有游泳池、網球場與前後花園。卓士昭第一任派駐南非時擔任經濟秘書（當時經濟參事為白先道先生），雖無緣進住，倒是經常處理官舍修繕維護工作。第二任（二〇〇一年至二〇〇四年）再度派駐南非擔任經濟組長，乃有幸偕其妻進住此「豪宅」，並在此度過四年難忘時光，期間江丙坤曾因公訪問南非，前來官舍舊地重遊及走訪鄰居。事隔二十多年，左鄰右舍僅聽到江丙坤透過對講機講話聲音，即驚喜叫出P. K.，可見江丙坤當年敦親睦鄰工作及與鄰居友誼有多深厚。對於官舍的一草一木、一磚一瓦、甚至門廊地板的一條裂縫，均能如數家珍道出其來歷典故，念舊惜舊之情，格外令人感佩。

此幢官舍由於江丙坤之遠見，經過這麼多年來，除為國家節省鉅額租金外，房屋價值已增值數十倍。由此可見，如果政府在海外之館、官舍均能編列預算購置，長期下來，國家不但可節省鉅額公帑，甚至可增值獲利。

另外，歐康投資公司董事長黃秋雄說，他曾服務於外交部，一九七一年十月，適逢我國退出聯合國，當時派駐賴索托大使館服務；不久，經濟部在南非約翰尼斯堡新設商務專員辦事處，江丙坤先生受派任主管經濟事務。約翰尼斯堡是南非最大商業城市，他服務的地點，是位於南非共和國境內的黑人小國，人口不到一百萬人，其首都馬賽魯（MASERU）尚無紅綠燈，倘需要一些中式食品，必須到距離四、五百公里外的約翰尼斯堡，進城採購一番。

黃秋雄說：「那時經濟部派駐約堡只有兩人，連同外交部等單位，合計約十來人。儘管來自國內不同服務單位，彼此多有交往。當時政府財政並不充裕，駐外人員薪資水準偏低，大家都非常清苦；但若回顧我一生，在南非這一段時光，印象最為深刻美好，一切彷彿如昨，歷歷在目。江先生平易近人，待人親切，我曾被邀請到他家裡作客，江夫人親自下廚，而江先生也曾由約堡來到窮鄉多山的賴索托探訪。」

之後，由於我政府重視南非外交經貿關係，外交部成立駐南非大使館，經濟部也將駐約堡專員辦事處升格為駐南非經濟參事處，江先生就地升為簡任經濟參事。

而在江丙坤派駐南非的這段期間，卻發生了令他最哀傷的事情，那就是其父親病逝。前外貿協會秘書長高一心記得，是一九七七年，當時江丙坤任職南非商務專員處，九月江丙坤尊翁二度病危，江丙坤告假返台，日夜隨侍，不得稍息。在老人家病情稍稍穩定之後，他即趕回駐地工作；不料十月份，江老先生病情轉劇，不幸去世。依規定當可告假返國奔喪，但當時卻逢駐館諸多急事羈身，江丙坤毅然強忍悲痛，固守崗位，就地聯繫在台家人、親友辦理老人家之後事。高一心說，三十多年前江丙坤因公忘私，身為人子卻不得送父親最後一程的往事，至今想起依然讓人無法忘懷，戚戚於心。

四、駐斐八年績效卓越

關於江丙坤在南非期間的工作績效，據前總統府秘書長楊進添指出，江丙坤當年駐斐八年任內，中斐經貿關係也確實突飛猛進，先於一九七五年簽訂「中斐經貿協定」，雙方互予最惠國待遇，同年稍後又簽訂玉米採購協定，分散我國玉米進口來源，兩國貿易量提升了十一倍，成果令人讚嘆。

另外，前國際貿易局主任秘書王振福記憶所及，江丙坤當年在南非工作，最讓人佩服的是，他懂得運用我自南非進口大宗玉米、煤炭、鋼鐵礦產品產生的大量貿易逆差，作為與南非政府交涉的籌碼，要求南非開放市場，進而要求南非召開年度中斐經濟合作會議，並簽訂攸關我廠商利益的各項合作協定，例如漁業協定、民航協定、標準合作協定、科技合作協定等，前後達十九項之多。使我與南非的經貿關係能夠愈加緊密，合作關係也全面開展，也讓兩國訪客絡繹不絕，從國人對「不知南非在哪裡」？到對南非的鑽石、金幣、鴕鳥蛋、克魯格國家公園的種種野生動物均耳熟能詳，也讓我對南非的商品出口從區區數千萬美元年年倍增到數十億美元。因此，說江丙坤是中斐經貿關係的關鍵推手，絕不為過。

王振福說，江丙坤這種鍥而不捨的精神，使他想起坊間膾炙人口的一句歌詞：「我的字典裡沒有『放棄』」，這是他對江丙坤那幾年近距離觀察的寫照。

還有一項也值得一提，就是江丙坤在南非工作期間，曾積極協助台電獲取能源。據前台灣電力公司總經理郭俊惠說，江丙坤於一九七四年至一九八二年間任我駐南非經濟參事。在這段期間，適逢國際上兩次（一九七四年及一九七九年）石油危機，可靠的能源供應成為政府的重大議題，各國政府及國際大企業均分赴重要的能源輸出國爭取採購合約。

當時，台電公司發電機組所使用燃料除燃油外，就以燃煤及剛開始起步的核能發電所需的鈾料為主。而南非正是這兩種發電燃料的主要生產國，是台電需要積極爭取的供應來源。但在當時世界能源短缺下，要爭取這個供應來源談何容易！一方面要突破全球對能源需求孔急的政府與企業的激烈競爭，另一方面我國自一九七一年退出聯合國後，外交空間受限，與各國交易談判的壓力更甚於前。

台電採購代表於一九七五年初到南非爭取購買燃煤及鈾料時，就感到困難重重，幸好時任我國駐南非大使館經濟參事的江丙坤，在了解台電的困境後，主動挺身而出，積極協調，並成功與主要供應商簽訂長期供應合約，穩定了台電長期以來發電燃料的需求。

另據邏輯電子股份有限公司董事長莊國欽指出，一九八〇年南非鋼管公司邀他去看他們遠東機械公司輸出的設備啟用式，順便招待他去南非的 Kruger 國立公園遊覽。他到該公司以後，發現其跟我國駐南非大使館很少往來，就提議由他邀請經參處的人跟老闆們認識，他們非常樂意。他就打電話給南非大使館經濟參事處朋友，經由介紹認識了經濟參事江丙坤博士。

莊國欽聽說江博士是東京大學出身，以為只精通日語，沒料到英文也非常流暢。雙方在公司的餐廳用餐後，又談了一個多小時，那時南非的白人已經對政局感到相當不安，話題多半是白人在南非的前途。彼此互動的過程中，江博士為人誠懇，做事認真，毫無官樣，給人非常深刻的好印象，而且在他那樣傑出的經貿專家及行事風格的領導下，他的部屬個個都兢兢業業，難怪當時的南非使館後來培育出許多位優秀的官員。

第四章

協商折衝　拓展外貿

一、任職國家外貿主管的濫觴

一九八二年三月九日，江丙坤結束長達十六年的駐外公職生涯，自南非返國，出任經濟部國際貿易局副局長，從此開始擔當國家「外貿主管」的角色。

他在這個角色地位上，先後經歷了兩個機構、三個職位，即先擔任經濟部國際貿易局副局長，後轉任外貿協會秘書長（一九八三年），再調回經濟部國貿局擔任局長（一九八八年）。

我們先看他在國貿局副局長及局長兩段任期的表現。

前經濟部參事兼政風處處長林義杜認為，江丙坤擔任國際貿易局副局長時，對貿易局最大的貢獻與建樹是公文電腦化，江先生洞悉電腦發展趨勢，為加強幹部認識電腦，親自帶領各一級主管，在中華電腦公司上課。各主管對電腦原是一竅不通，經過教師的講解說明，對於電腦二進位，始終不知其所以然，多有提問，因教師太專業，所用語言深奧，反而無法解惑。

江丙坤看此情況，乃起而說明：「電腦不能用十進位，每次進位要十選一，太慢。電腦用二進位，字元有二，進位僅二選一，非〇即一，在電腦世界中，由於電腦的核心組成分子——電子元件只能表達『通路』與『斷路』等兩種狀況，通路以一表示，而斷路以〇表示，逢二就進位了，一加一在十進位是二，用二進位就進位到十，十加一等於十一，十一加一進位到一百，以此類推，所以非常之快。電腦程式的設計都是根據二進位，大家要排除十進位思維習慣，才能慢慢進入電腦世界。」經此說明，大家豁然明白過來，江丙坤先生的幾句話，比教師數小時講解更有效。

電腦課下課後，林義杜與江丙坤同行，禁不住讚美他說：「您就像是一部電腦，您說的我們都能懂，比教師強多了！」江丙坤似有所感，沒說什麼，只是謙遜一笑。不久，江丙坤調任外貿協會秘書長，至一九八八年，蕭萬長先生調任經建會副主任委員時，江丙坤接下蕭萬長留下的國際貿易局局長缺，林義杜又第二次追隨。此時江丙坤大力落實公文電腦化，將各單位原有中文打字機逐漸汰換成電腦打字，為政府電腦化最早的機關之一。

而江丙坤在國貿局的另一個表現，則是進出口貨品分類表的翻修工作。

▲江丙坤（右四）陪同謝東閔副總統參觀外貿協會展覽（1984 年）。

▲外貿協會 17 週年會慶（1987 年）合影留念。

關於這方面，經濟部投審會執行秘書范良棟說，記得一九八〇年代，我國對外貿易（尤其是對美國）因大量出超，貿易政策進入推動國際化、自由化、制度化的時代，當時范良棟在國際貿易局的貨品分類委員會服務，一方面進行我國進出口貨品分類表的全面翻修工作，把進出口貨品分類與海關稅則分類整合，並與國際商品統一分類（ＨＳ）接軌；另一方面則是在整合貨品分類的過程中，一併檢討各項貨品的進出口規定，排除貿易障礙，讓我國的進出口管理向自由化的目標邁進。

就在這個時候，江丙坤從南非返國，先擔任國際貿易局的副局長，然後到貿協擔任秘書長後，再回到貿易局接任局長。江丙坤十分了解上述工作的重要性，因為那是國際化、自由化、制度化的基礎工作，往後與國外的經貿談判，也必須先完成這些工作，才得以順利進行。

當時，江丙坤給范良棟相當多的指導與鼓勵，即使身在貿協，仍不斷叮嚀相關工作進展，還讓范良棟抽空到貿協去協助，該協會同仁轉換其所使用的分類方式；江丙坤擔任貿易局局長後，更親自參與他們的工作，教他們如何檢討進出口簽審規定（按：「簽審規定」一詞，就是由江丙坤首創，可能很多人不知道。）；同時，由於江丙坤對日本的制度有深入的研究，於是就交代范良棟將進口管理參照日本之做法改為「負面表列」，以彰顯我國推動貿易自由化政策的決心。相關工作在一九八九年之後逐漸落實，那時江丙坤已高升為經濟部次長，仍繼續督導他們如何運用新的制度，去面對一九九〇年代接踵而來的WTO入會談判事宜。

東元集團會長黃茂雄則表示，他和江丙坤兩人，早年即在東京一起求學，此後再次有深厚的互動，是在一九八二年江丙坤奉命回台擔任國貿局副局長，直至之後升任經濟部長期間。黃茂雄的感覺是，江丙坤親力親為、盡心盡力、隨和務實、認真嚴謹的態度以及高效率的執行力，堪稱公職人員最佳典範，因而被譽為「江科長」。

二、接任外貿協會秘書長

一九八三年十月江丙坤接任外貿協會第二任秘書長時，在交接典禮上，發表三點信念：「第一，配合整個國際市場變化，調整貿協工作。第二，重新定位貿協與國貿局的關係，由過去的『一車兩輪』調整為『政策與執行者』的兩大體系。第三，組織人事必須配合業務發展，事事有人辦，人人有事做。」

▲駐外經濟部商務人員會議合影留念（1984 年）。

▲江丙坤（右四）赴日舉辦台灣物品展，並為開展剪綵（1985 年 9 月 12 日）。

▲江丙坤（左一）參加德國體育用品展（1984 年 9 月）。

前外貿協會秘書長趙永全當時服務於展覽宣傳處，目睹江丙坤連續三個月內每天中午召集主管吃便當，開會討論修訂貿協規章，並擬訂了六十八種作業程序（SOP），也奠定了貿協未來發展的根基。

「台北世界貿易中心」和「貿易人才培訓中心」，分別是江丙坤在貿協秘書長任內完成的「硬體成果」及「軟體貢獻」代表作。宏偉的四合一硬體建築加上優良的國際企業人才培訓，建構了我國貿易推廣工作的基礎建設。尤其是展覽大樓，由政府編列五十五億元預算興建，於一九八二年開工，一九八五年十一月底完工，當各項工程發包後，居然還結餘十五億元，於是額外多蓋了一棟大樓（台北國際會議中心）。趙永全認為，如果說武冠雄前副董事長是台北世貿中心的催生者，江丙坤秘書長就是世貿中心的接生婆。

外貿協會副秘書長葉明水回憶說，江丙坤擔任該會秘書長期間，他正服務於展覽業務處，於松山機場及世貿中心展覽大樓辦理台北專業展。當時國內展覽產業正值起飛期，各展覽逐漸由外銷展轉型為國際展；此前瞻性的決定也奠定台北專業展成為國際大展的基礎。以目前世界排名第二的電腦展，一九八五年發展成為國際展時的規模才四百多個攤位。江丙坤前秘書長除要求於每展結束後進行檢討，以掌握展覽需求與趨勢外，更要研發新展，例如「台北國際橡塑膠展」就是在當時開辦的。

江丙坤在貿協擔任秘書長期間，也對我國工業產品設計能力「念茲在茲」。關於這方面，前行政院政務委員楊世緘回憶首次與江丙坤先生見面是在一九八七年，當時江是外貿協會秘書長，而楊則初任工業局長。那次他們談到如何加強工業產品的設計能力，如何改善工業產品的品質及如何整體提升台灣產品的國際形象。那次討論以後，楊世緘在工業局成立了「提升工業設計能力五年計畫」和「提升產品品質五年計畫」，同時由國貿局成立「提升產品國際形象五年計畫」。

外貿協會在工業設計能力提升，以及選拔台灣精品，並塑造國際形象方面，均積極參與，貢獻良多。以上幾項計畫至今都進入了第五個五年計畫，對台灣提升工業水準與國際形象方面，極為重要。江丙坤先生在他外貿協會秘書長及國貿局長任內，對這些計畫均積極支持，功不可沒。

外貿協會老同仁黎堅則把江丙坤稱為「國家英雄」。黎堅記得，一九八三年十月三日十一時，江丙坤在貿協秘書長的就職典禮上致詞，宣示三大業務革新方向，

▶參加德國體育用品展（1984年9月）。

◀開設外貿協會伊斯坦堡辦事處（1987年3月24日）。

▶江丙坤（左二）至加拿大訪問（1988年9月25日）。

▲江丙坤（左三）帶家人拜訪林洋港先生（1988年2月）。

▲江丙坤（左一）陪連戰部長（中）出訪東南亞，拜訪印尼蘇哈特總統（1988年）。

至今讓他記憶猶新、歷歷在目。致詞內容有三大重點：一是貿協今後要因應世界形勢變化，調整工作方向；二是明確貿易局與貿協為我國貿易拓展的「一車兩輪」職能定位；三是大力推動貿協組織革新，強調要做到「事事有人辦、人人有事做」。尤其是第三點，及時推動「貿協組織章程」修訂和「標準作業程序（SOP）」制定。其時黎堅擔任商業設計組組長，被徵召參與江丙坤親自督導的SOP制定工作。此時，黎堅才體會到「事事有人辦、人人有事做」的真諦，也深切了解到管理規章和SOP，正是打通一個機構或企業運作的任督二脈。經此一事，江丙坤成了黎堅人生的導師。

三、台灣精品之父

外貿協會另外一件舉世皆知的國計民生大事就是「台灣精品」的創設，但誰是響亮的「台灣精品」品牌形象幕後推手，至今鮮有人知。

當年貿協商業設計組的業務，是引介新觀念協助企業創立品牌，成功的例子有宏碁、捷安特、統一、光寶電子、建德工業、波蜜……等十餘家企業，幾年間小有成效。一九八八年八月某天，江丙坤約見設計組人員詢問工作情況，黎堅報告後，江丙坤秘書長當面指示：品牌與通路是今後商業發展的重心，協助個別廠商做到示範性帶動作用就好，商設組今後的工作應提升到國家品牌策略層次的商業設計推廣。指示黎堅儘速草擬一份長程計畫。

一周後，黎堅擬好了「全面提升台灣產品形象計畫」草案，簽報後一段時間未獲任何批示。直到八月底，江丙坤調升貿易局局長，而在他剛到任不久、公務繁忙之際，竟然撥冗召見黎堅，就形象計畫做進一步了解。

會晤中黎堅就計畫草案做了報告，包括計畫立論基礎是採用「整合行銷傳播策略」（IMC—Integrated Marketing Communications）概念，首先要設計一個代表台灣產品形象的 LOGO、繼而舉辦台灣頂尖產品（精品）選拔活動、選出具有代表性的產品作為廣告主角、計畫力邀世界重量級名人如 Microsoft 董事長 Bill Gates、Intel 總裁 Andy Grove 及台積電董事長張忠謀等義務代言，拍攝成影片和平面廣告，透過國際知名電視網 CNN、BBC 和平面媒體 Time、News Week、Forbes 等密集放送，以期建立台灣產品在全球消費者心目中的良好印象，且金質獎得主並可獲晉見總統的殊榮。

江丙坤認為計畫可行，隨即指示黎堅加強計畫的立論基礎、計畫目標、組織與人力需求、預算編列、行動方案、執行時程、可行性評估、成效評估與考核……等各項細節，迅速寫成計畫書向政府爭取預算，並適時安排黎堅在經濟部業務會報中簡報，當時由陳履安部長做成決議，使計畫成案，並責成貿協推動。

江丙坤後來將本案更名為「全面提升國家產品形象五年計畫（IEP—Image Enhance Plan）」，即是今日的「台灣精品」計畫。因本案係國家百年大計，對台灣經貿發展有利，歷任部長持續支持貿協執行。時移勢易，IEP計畫已歷二十餘年。二十年來，台灣優良產品藉著「台灣精品」的國家品牌，不斷在全球市場中遍地開花、大放異彩，為台灣外貿屢創佳績，實係江丙坤當年的真知灼見促成其事，因此，黎堅呼籲國人應尊奉江丙坤為「台灣精品之父」。

四、馬不停蹄拓展外貿市場

三十年前，江丙坤擔任外貿協會秘書長時，啟動了帶領台灣中小企業走訪各國，主動尋找外銷市場的計畫，當時孫正大剛成立外貿公司不久，正在苦惱如何取得外國簽證，又如何克服買主疑慮，從而建立長期穩定的供需關係；當時發現外貿協會的拓銷計畫，真是如獲至寶，而許多面對相同困擾、又希望積極開拓市場的出口業者，也都蜂擁而至，跟隨江丙坤秘書長的足跡走訪世界各國，成為創造台灣經濟奇蹟的外銷尖兵。

在正陽國際集團總裁孫正大心目中，江丙坤是一位充滿無限活力，不知道什麼是休息，也從不停止衝刺的人！

回憶當時的情境，能夠加入江秘書長外貿拓銷團隊的業者，都是各行各業當中有心開拓新市場，自認有理想有抱負的代表；團員們出發前個個精神抖擻，捨我其誰。但是一旦跟隨江秘書長之後，卻只有四個字的感想——「苦不堪言」！

為什麼？因為江丙坤先生似乎從來不休息！

通常他們在轉戰各國的途中，習慣性地會在飛機和巴士上緩口氣、補補眠；但是江丙坤呢？……不！在飛機上，江丙坤開始要求工作同仁彙報出訪國家的各項資料，邀集買主進度，並輪流集合廠商分批計畫研究市場概況；到達出訪國家的機場，又在巴士行駛途中與外站同仁再次討論，對隨行業者耳提面命……，絲毫沒有任何緩衝的時刻。

有一次，大家實在累翻了，慫恿孫正大嘗試問江丙坤要不要緩一緩？也讓他們閉目養神半小時。江丙坤聽了之後，並沒有多說什麼，只是淡淡的回了一句：「年輕人，時間是不等人的！」此話一出，他們這些比他年輕二十歲的人能再說什麼？只好一邊硬著頭皮，繼續跟著江丙坤東奔西跑，一邊由衷敬佩他旺盛的體力、鬥志、企圖心與執行力！

現任外貿協會秘書長黃文榮也不禁憶起，一九八六年六月隨同時任外貿協會秘書長的江丙坤，赴北歐丹麥、瑞典、芬蘭及挪威等四國訪問時的溫馨往事。

那年黃文榮與同在市場開發處服務的唐開品副處長，共同擔任隨團秘書，該團團員還包括台北市進出口公會陳茂榜理事長、台灣省進出口聯合會林資清理事長……等各大工商團體領袖約二十人，一同前往北歐拓展市場。

黃文榮擔任隨團秘書的工作，雖然在行前均已備妥江秘書長訪問各站的致詞稿及相關資料，但江丙坤對每地的訪問工作十分重視，演講內容經常會因地制宜的重新撰擬調整。由於當時尚未配備中文電腦，因此，他們必須利用夜晚結束訪問行程回到飯店後，才能使用隨身帶來的打字機重新撰稿，雖然工作壓力極重，但也讓當時年輕的黃文榮，體驗到江秘書長對貿易推廣工作的高度熱忱，以及精益求精的嚴謹工作態度。

在哥本哈根的某日，江秘書長發現每天早上都沒見到貿協工作同仁在飯店裡用餐，問了原委，才知是因飯店住宿費用甚高且未含早餐，故隨團工作人員都是自行前往鄰近火車站旁小店買些麵包當早點。江秘書長立刻表示，隨團同仁十分辛苦，經常工作到深夜，早上還要自行外出用餐，覺得很不捨，隨即指示爾後同仁均於飯店用餐即可。

雖然這對江秘書長而言只是件小事，但對當時身為基層同仁的黃文榮來說，北歐之行有機會親身體驗江秘書長熱忱投入之工作態度，以及嚴謹精確之業務要求，加上體恤照顧基層同仁的情意。雖事隔多年，至今仍讓黃文榮心存感動，並永誌在心。

跟江先生做事，像在成功嶺受訓。海外投資公司董事長牟盾認為，和江丙坤一起做事「非常累，但回味無窮」。

牟盾說，一九八〇年代，我國對美大量出超，第三世界經濟開始萌芽，理應成為我國新的市場，以便移轉美方壓力；可惜當時台灣與印度、巴基斯坦、土耳其、墨西哥、肯亞等這些第三世界領頭羊關係冰封未解，分散出口談何容易。在這個節骨眼，目標在重建與這些國家經貿關係的「進步夥伴計畫」自然成為時任貿協秘書長的江丙坤重點關心工作之一，因為計畫成功，代表我國能藉此平台建立與這些國家經貿高層、工商領袖的正式溝通管道。這個計畫執行時間長達五年，受到經濟、外交兩部的全力支持。照工作時程，最後將以至少有三十個開發中國家工商部，或商工總會組團參加的「中華民國進步夥伴展」為工作驗收目標。貿協跨部門專案小組，全體成員壓力之大，難以想像。

時過境遷，牟盾回想起來，那段期間雖然頗受煎熬，卻是全體成員職涯最值得珍惜和回味的時光。最重要的原因是江丙坤不同於一般官場人物，他眼睛往下看，管理風格要求績效，但對手下無比寬容，而且絕不疾言厲色。你做錯了或沒達成任務，他仍然對你展露他的兔寶寶招牌笑容，只是你自己心裡有數，不能再搞砸下一個機會。說實話，這款長官也讓人「很累」！因為你對江先生交付的任務，即使做完了，心裡還是會嘀咕「我還有什麼環節沒考慮周延？」、「我是不是還可以做得更好，讓他更有面子？」等等。

就比方，「第一屆進步夥伴展」有三十六國參展，從未踏上過中華民國土地的各國政府商務部局次長級官員來了不少，重量級商工總會會長級人物更是到了一堆，連一向對我國態度極為冷淡的印度，活動結束當天在國賓飯店國際廳的「進步夥伴展之夜」，他們的總商會會長還率領工商領袖上台，對江丙坤用印度民謠改編的「讚美貿協」，大唱「♪CETRA～♪CETRA～」（註：CETRA為貿協二〇〇〇年之前縮寫），即將接任國貿局長的江丙坤當時情緒之High，迄今仍記憶猶新。

時隔二十多年，牟盾最近與小組老哥們兒，比方說退休的陳文涓、轉往花旗目前當執行長的利明獻，以及在匈牙利事業發達的林志成小聚時，還是對當年沒能讓印度國旗在進步夥伴展與其他三十五國國旗在世貿中心汎水池飄揚，而覺得對江丙坤先生不好意思，因為沒有百分百達成任務（註：印度怕被北京修理）。這就是牟盾說的，跟江丙坤做事「累」的地方——任務沒圓滿達成，他不會怪你，但你自己心裡老是放不下。任務圓滿達成，你心裡還是不能坦然，老覺得應該可以做得更好，以報效這款好老闆。「不過，在他手下做事真的很爽！當然也真的很累！這種心情和人生經歷無以為比，只好與在成功嶺集訓來比，應該還算貼切。」牟盾笑道。

五、對貿協體制及培訓的指導

前外貿協會處長黃森雄則說，江丙坤受當時經濟部部長趙耀東先生之囑，接任外貿協會秘書長，接著貿協改組，黃森雄個人受命從計劃聯繫處計劃評估組組長調任企劃財務處計劃財務組組長，後因外放加拿大溫哥華辦事處，真正在江秘書長身邊工作的時間並不算長。俟黃奉調返國，江丙坤已轉任貿易局局長，逐層高升了。

不過，江丙坤在貿協的作為，黃森雄仍能系統化地記述三則如下——

（一）面對國會，溝通推廣貿易基金萬分之四點二五：

武冠雄先生建立貿協時，中華民國面臨的時空環境，有其不得不的背景，而所謂政府捐助成立的財團法人，基金一半來自政府，一半來自民間，而日常運作的預算則全部來自民間，以此開創中華民國的貿易空間。推廣貿易基金行之日久，來自立法院新科立委的責難亦相對增多。江丙坤秘書長有鑑於此，要求同仁蒐集日本JETRO及韓國KOTRA的推廣機構資料，以佐證貿協存在的必要，並邀請當時立法院次級問政團體「集思會」到貿協聽取簡報，以取得他們的支持。

（二）建立與貿易局對駐外單位的統一督導考核小組：

貿協受限於經費，無法普設駐外單位，而貿易推廣工作則希望多設駐外單位。武冠雄先生時代請經濟部駐外單位兼任為代表辦事處，江丙坤秘書長上任後，則認為貿易局與貿協都是推動對外經濟事務的單位、也是國際貿易的雙軸，經濟部駐外單位有義務參與推廣工作，乃取消兼任代表處做法，訂定駐外商務單位工作項目表並成立統一督導考核小組進行統一督導。

（三）設立駐外單位建置的準則：

設置駐外單位所費不貲，且宜有優先順序，為建立一個可討論的規範，江丙坤要求同仁依每一個國家的人口、面積、國民所得、全年進出口金額、與我國貿易的進出口金額等，甚而是國際政治考慮都放在內。並以此為準則作為與貿易局討論駐外單位設置時的依據。

黃森雄認為，身為長官固有其睿智，但睿智有時與他的位置權力會形成某種關係，江老闆除其睿智，畢竟受過東京大學的訓練，必須提出佐證以服人，由於他的細緻有「江科長」的雅號；但他令人折服的是「見」、「履」合一，也就是有「有看法」、「有執行力」，故能為層峰所重用。

前外貿協會貿易人才培訓中心主任徐秋雄，則表述了江丙坤指導貿協培訓的一些事蹟。他說，江丙坤先生於一九八三年十月接任外貿協會（貿協）秘書長，一九八八年十月卸任，歷時約五年。他時值中年，意氣風發，積極有為，秉持政府旨意與業界需求，成功改造貿協，為貿協日後的業務發展奠定良好的基礎。徐秋雄當時擔任市場研究處實務訓練組（實訓組）組長，承辦貿易實務訓練工作，以下特記述江丙坤當時指導相關工作片段事蹟。

（一）激勵同仁幹勁，炒熱實訓組業務：

江丙坤常在百忙中抽空考察基層業務，由於才思敏捷，推理能力強，常能快速進入狀況，即席提問，做出妥善的裁示。那時實訓組是一個僅有四個人的小單位，正在著手把訓練工作從台北推廣到中、南部，因此業務量呈倍數增長。

江丙坤聞訊頗表欣慰，並予嘉許。他觀察敏銳，意識到辦理訓練使用的資源較少，卻能帶給聽講者很多好處，再一方面因貿協過往舉辦的貿易推廣活動大都集中在台灣北部地區，中、南部業者若要參加，較為不便，有必要設法補強。因此，他特別鼓勵實訓組再接再厲，多開發實用課程，多在中、南部辦理，以服務當地廠商。

實訓組同仁因為工作獲得首長肯定與重視，無不樂不可支，都願意想方設法去落實首長的期望。恰巧，不久就遇到國際商會修訂信用狀統一慣例的宣導期。台灣當時進出口商的交易約八成使用信用狀，信用狀內涵的修訂牽動千家萬戶廠商的權益。實訓組正好把握時機，與該項作業台灣地區主辦機構的國際商會中華民國總會合作，規劃系列講習班，安排頂尖講師，依據實際需要在台灣北、中、南大商埠輪番開班授課。各地業者幾乎傾巢而出，爭相報名參加，常把講習班場地塞爆，盛況空前，歷久不衰。

（二）親自出馬領導，籌辦人才培訓機構：

江丙坤接觸面廣，消息靈通，深知當時的外貿業界亟需通曉外語與貿易實務的人才。為解決此問題，他遂著手推動貿易人才培訓機構的設立，得到社會各界的熱烈響應與支持。不久，政府指派貿協負責此一機構的籌辦事宜，這項工作也順理成章成為貿協的階段性使命。

由於江丙坤親自出馬領導，人才培訓的籌備工作自始至終能有條不紊、按部就班地推動。他早在此項計畫正式立案前，即派遣徐秋雄於一九八五年初前往日本觀摩學習該國「貿易人才研修院」的先進做法，預為蒐集資料，供做參考。

該作業啟動後，貿協廣邀產官學界代表協商，就培訓機構訓練內涵與發展方向深入研討、建立共識，藉以規劃籌備工作綱要；委託學者專家擔任商法、管理、行銷、國貿實務和英語文等學門的課程顧問，代為延聘師資、編撰教材、推薦參考圖書等；增補實訓組人力，以負責全案的協調聯繫及進度控制；更爭取經濟部及貿易局對本案提供有力支援，除每年編列經費預算外，更撥出該部管轄位於新竹市光復路「經濟部專業人員訓練中心」部分設施以供使用。

在日常工作上，實訓組每週向江丙坤報告作業現況；江丙坤更每個月親自為當時經濟部次長王建煊，以及貿易局局長蕭萬長做一次工作簡報，提供的書面資料簡明扼要，回答諮詢完整周到，獲得長官的肯定與信賴。

貿協的「國際企業人才培訓中心」（原名貿易人才培訓中心）自一九八七年九月起陸續在新竹光復及東山二校區展開作業，迄今已歷時二十幾載。該中心現在畢業校友已超過三千人，大都效力於外貿企業，表現優越，備受各界倚重。撫今追昔，貿協當年為外貿企業培養人才的理想得能實踐，江丙坤的心血與奉獻，功不可沒。

六、建立貿協制程及明文法規

外貿協會研考委員蔡文凱指出，他第一次見到江丙坤先生是在一九七五年，那一年因外貿協會派他去約翰尼斯堡參加 Rand Show，展出工具機。江先生時任我國駐約翰尼斯堡總領事館商專處商務專員，江丙坤待人謙和真誠，毫無官架子，當時就讓他留下深刻印象。一九八三至一九八八年，江丙坤任外貿協會秘書長，蔡文凱則於一九八五年奉派外調到德國、荷蘭。回想起江丙坤這位老長官，蔡文凱最感念的有三件事：

第一件是在一九八四年，江丙坤領導外貿協會建立了外貿協會的規章及各類作業程序，內容鉅細靡遺。從這裡可以看出他思慮周密、凡事由根本做起的風格。這件事產出的具體成品就是外貿協會的規章及作業程序：規章部分就有兩類，一是管理規章（分上、下兩冊），另一是業務規章（一冊），規章內容從外貿協會的捐助章程、組織、人事管理、待遇及退休撫卹，以至於員工退休金管理委員會的組織都包含在內。作業程序（也分為上、中、下三冊），載明各種業務所依據的規章、工作步驟、權責劃分、會辦單位等細部之作業程序。

從此以後，外貿協會幾乎每一種業務都有相關之規章為依據，在推動相關工作時也有一套標準作業程序（SOP）可資遵循。當時，蔡文凱記得常有很多同事在挑燈夜戰，江秘書長更常常下班以後還在開會逐條討論、審核規章條文及相關的作業程序。

不過，自從外貿協會有了這部「聖經」之後，就由「篳路藍縷」進入全面依規章管理的「正規軍」。這也是蔡文凱第一次見識到，有長官身體力行：「管理組織，

▲貿協的培訓中心高級班第一期結業紀念（1988 年 2 月 11 日）。

先制定規章，才能夠遂行：計劃、執行、管控的管理循環」。外貿協會也因此進入全面制度化的時代，二十多年來一直運轉得很順利。蔡文凱個人認為這部規章也是外貿協會可長可久、業務和組織得以一路順利拓展的重要原因之一。

第二件是將外貿協會明文寫進「貿易法施行細則」第十五條，使外貿協會成為唯一被明列在施行細則上，為得由主管機關委託辦理貿易推廣的機構，這條也是外貿協會十八年來能順利接受政府委託，辦理推廣對外貿易業務之基礎。

早年由於時代背景的需要，外貿協會既不像工業技術研究院在設立之初就先頒布「工業技術研究院設置條例」，而財源——「外銷推廣基金」的適法性也備受質疑。江先生在任貿協秘書長時就已預見法制化的趨勢，而倡言制定「貿易法」，終於在一九九三年（江先生任經濟部長）時制定了「貿易法」，將進、出口貿易服務費合一為「推廣貿易基金」（「貿易法」第二十一條），並且在施行細則第十五條，明文指定政府得委託外貿協會執行貿易推廣。

如此一來，外貿協會一方面維持了非官方的身分，得以在無邦交國家自由進出，另一方面又得以依規定接受政府委託之經費，辦理推廣對外貿易業務。從這裡，就更可體認江先生思慮深遠、謀事細膩的一面。蔡文凱對於江先生的高瞻遠矚和愛護貿協，十分欽佩。

第三件是蔡文凱駐外時親身體驗到的：早年外貿協會駐外人員待遇不佳，駐在非英語地區的同仁，子女教育就變成頭痛的問題。有些同仁由於小孩進入駐地的教育系統，一旦奉調返台，孩子的教育就不知該如何處理？有位前輩由於讓女兒就讀駐地學校，調返台灣時，只好含淚讓女兒獨自一人續留駐地完成學業。同仁有的為了以後小孩返台可以融入台灣的教育系統，就得送到美國學校或英國學校。但是依當時貿協駐外人員的待遇，哪有能力這麼做？

一九八七年，江丙坤赴歐召開貿協駐歐人員會議時，得知這種窘境，遂將貿協駐外專任人員子女教育補助大幅提升。這樣，貿協駐外人員才有能力將子女送進適當的學校，以免日後調返台灣時造成困難。這件事，貿協同仁都很感念。

第五章

經濟舵手　擘劃經貿

一、經濟部興革舉措

一九八九年八月三日，江丙坤自國貿局長升任經濟部常務次長，次年六月七日，即晉任經濟部政務次長，接著，於一九九三年二月二十六日，就任經濟部長。

前經濟部次長李樹久回顧，一九九〇年，他本人奉當時經濟部長蕭萬長之邀，出任常務次長，當時江丙坤正是政務次長，之後與他共事長達六年之久。蕭萬長於一九九三年轉任經建會主任委員，而經濟部長則由江丙坤接任。

回憶當年，國家各項重大建設次第完成，經濟快速成長，國民所得跟著亦大幅提升，台灣經濟實力足為「亞洲四小龍」之首，民間更是朝氣蓬勃，人民豐衣足食，大有「台灣錢，淹腳目」之感。由於經濟的起飛，也帶來了社會起了巨大變化。環保訴求日增，能源及水利開發日趨困難，民眾抗爭事件層出不窮，江丙坤在此情況下接掌經濟部長，對他來說確是一件重大挑戰。所幸在他實實在在施政風格與工作全心投入的拚戰精神之下，維持經濟持續成長，企業界對他在任內的貢獻，均高度肯定。

江丙坤領導的經濟部，重視策略與方法，他親自撰編「中華民國經濟發展問題與對策」作為施政指南，重視大方向的掌握，對於執行方面則由部屬處理，並充分授權，極少干預，因此同仁們都能全力以赴。事隔多年，同仁們在閒談中，對他多年的領導多心存感佩。李樹久說，他自從十幾年前離開經濟部後，江丙坤經常相約球敘或餐敘，的確令人感受到他是一位念舊的長官。

前經濟部法規會主委現任監察委員楊美玲說，江丙坤為了建構良好投資環境，以一個非法律背景的官員，其觸角竟可深入延伸到與其不同領域的法規制度面向上；在經濟部任內，楊美玲就曾奉其指示參考日本通產省法律，進行與我國相關法令（包括經濟、稅務、環保、勞工等法規）之比較與研析，從中歸納出我國可鬆綁借鏡之處，供各局處參考。而江丙坤在經建會任內，楊美玲亦曾奉示研析「刑法」中的「圖利罪」對公務員造成之影響，對整個構成要件、訴訟制度進行研議，並撰寫成〈公務員為何無法勇於任事問題之探討〉乙文，提供該會法制單位參考整理，送交法務部研處，嗣並獲該部回響，而修正「刑法」該相關規定。

另外，為了整個行政效率的提升，江丙坤對國內政府組織改造工作亦付出甚

▲江丙坤（右一）從蕭萬長手中接下經濟部國際貿易局局長重責（1988年8月25日）。

▲江丙坤（左一）將國際貿易局局長印信移交給許柯生（1989年8月）。

鉅，所提出的建議，在立法院審查通過之「中央機關組織基準法」中，處處均可看見江丙坤在該法案上著力之痕跡。楊美玲說：「凡此均足見江董事長之見識、氣魄與全方位之格局，其所掌理之任何事項，在在跳脫舊思維與本位框架，有幸作為總裁級之領導屬下的我，從中所獲得的學習、指導與增長，真的是受益匪淺，對其之感佩，無以形容。」

前經濟部國營會副主委現任台糖董事長陳昭義則表示，江丙坤從擔任經濟部次長起，就非常重視每年編印「中華民國經濟發展問題與對策」，從國際經貿環境、我國經濟政策、措施到經濟部

▲同仁歡送江丙坤（右三）榮升茶會（1989年8月11日）。

的推動計畫、預算等等編成圖表，可謂提綱挈領、一目瞭然。記得有次江丙坤赴歐訪問，在轉機時，某業者問他如何能記得那麼多經濟指標數據？他的回答很輕鬆：「這當然需要有記住數據的習慣，但更重要的是，你要有一個大架構，像電腦一樣分門別類儲存，你才能很有效地運用。」他就是這麼一位「分門別類，有效運用」的人，而這又一定與他經常用圖表整理大架構的習慣有關。

前經濟部商業司司長陳明邦表示，他在商業司，從副司長到司長，前後十年，江丙坤部長一路大力的支持他、指導他，包括「形象商圈」的推廣，「優良商店GSP」之輔導、認證與推廣，以提升改善國內商店服務品質；並大力推動「商業自動化」，引進國際商品條碼制度（Bar code），及開發「電子訂貨系統POS」，全面推廣商業「連鎖化」、「大型化」及「專業化」，並積極推動「大賣場」，繼「萬客隆」之後再引進法商「家樂福」大型化連鎖商場，以帶動台灣商業全面現代化。

可是要推動此一商業改革，在一向重視農、工的台灣，可真不容易。記得當初，他們在推動「商業自動化」時，就曾多次向上級簡報，但每多不被支持。甚至有長官誤認為「商業不算是產業」，如何能「自動化」？或認為「商業」不必支持，「無奸不商」、「有利就鑽」，政府不必支持，更不必獎勵或輔導，意即應任其「自生自滅」就是了。

可是，陳明邦深不以為然，他認為那是不對的，是中了古人「無奸不商」錯誤遺毒之害，事實上，國內外有識之士早就認知，商業對人類生活貢獻最大。因為，每個人都是消費者，包括任何經濟或文化活動如農、工、漁、牧業，都需要商業服務，才能直接滿足人民生活需要，這也是國家是否進步或經濟已否開發之關鍵所在。過去台灣之所以落後歐、美、日，就是因為政府不重視商業之故。

好在，台灣有幸，自從江丙坤接任經濟部部長之後，即全力支持「商業司」推動「商業現代化」及「商業自動化」，陳明邦真是感謝江部長的前瞻性與開明作風。他們追隨江部長，受益最多的是他處理事務嚴謹有條理之做法。他們都非常敬佩江部長，思維細密周延，做事非常嚴謹，凡事追求合理，講究要「合邏輯」，有時他們向江部長報告事情，部長會點出問題：「這樣不太合理吧？」或說「這樣不合邏輯」、「行不通？」等等，凡事務求「合理、可行」，他們學習到很多。

江部長指導他們做事要有方向、有目標、有策略、有方法。他親自擘劃經濟部

▲江丙坤（前排左二）陪同李登輝總統參觀機械展（1991 年）。

▲江丙坤（右二）赴斐參加中斐經濟合作會議，拜會曼德拉總統（1994年11月）。

整個經濟發展政策及施政藍圖。江部長主政經濟部時，他把經濟部全部及所屬各局處業務，全部有系統架構式分層分次的，以魚骨圖式條列清楚，邏輯分明，有系統、有步驟，並依組織編制業務，按整體政策目標，再依各局處之分支業務，依序一一整合，相互支援配合，並據以編列「年度預算」，送立法再執行，追蹤考核，全盤掌控，抓住經濟部整體政策方向，依預算落實執行，真是了不起的政策領導長官。

陳明邦非常感謝江丙坤對他的力挺，包括江丙坤後來離開經濟部到經建會、立法院，始終如一。尤其令陳明邦最感動的是，他後來接任中央標準局長職務，被授命最大職責就是推動「智慧財產權保護工作」。首先，他須將「中央標準局」改制為「智慧財產局」，接著，就是積極推動「保護智慧財產權之修法與再擴編」工作，俾與國際接軌。

因為台灣經濟要提升，必須獎勵研發創新，所以一定要保護智慧財產權並落實執行。為此之故，我國的「專利法」、「商標法」、「著作權法」，乃至剛據以推動設立之「智慧財產局組織條例」，都必須再全面徹底更修。但那時，政府已歷經第一次政黨更替，在此情況下，行政院要大修法或變更組織，增加員額編制，要通過立法院同意修法，在當時，可說是比登天還難。好在那時江丙坤已經成為立法委員，並榮升為立法院副院長。陳明邦想，如此重責大任唯一的方法，就是求救於江丙坤。

已是立法院副院長的江丙坤二話不說，隨即聯絡安排當時「三黨四派」的負責立法委員到副院長室，幫陳明邦協調說明「智慧財產局」的業務屬於產業科技領域，與政府其他行政部門完全不同，當此台灣正大力推動產業升級及國際化之時，必須落實智慧財產權保護，全面修法及增加專利商標審查人員人力員額，才能有效審查國內外申請案；再者，增加審查人員加速審查，政府就可增加更多的「規費」收入，不會增加國庫額外負擔云云。

不過，一次又一次的協調，在當時政府「政策」是所有機關「一律凍結員額」，並逐年「精簡員額編制預算五%」，如此「齊頭式」之「精簡」政府組織，對亟待發展之「智財局」而言，非常之不利。

然而，皇天不負苦心人，在江丙坤副院長之懇切積極而堅定的協調下，終於在那次立法院「臨時會期」的最後一天晚上十點四十五分，審議通過「智慧財產局組織條例修正案」，現有審查人員可以全部留下，並增加一百名審查人員員額，而穩定了智財局得以繼續開展。進而，促使台灣爾後不久即除去了美國每年「三〇一」的壓力與困擾。這些都要歸功感謝他們的老長官——江丙坤副院長，即時鼎力支持與協助。

現任台灣經濟研究院行政副院長郭勵誠記得，一九九六年五月，江丙坤在他經濟部部長任內最後一次以「突破限制、改革創新、提升國家競爭力——邁進已開發國家」為題，赴國民黨中常會報告。該報告主要在闡述台灣面臨政治經濟結構調整的壓力，如何突破產業發展限制，再造競爭優勢？如何掌握國際脈動，拓展經貿活動空間？如何建立兩岸良性互動，共創雙贏局面？如何做好資源永續利用，兼顧發展與環保？使台灣經濟能持續成長，跨入已開發國家之林。

因江丙坤對當時台灣投資意願低落憂心忡忡，報告中特別針對黑金、治安敗壞及行政效率低落影響國內投資意願問題多所著墨，用意是為喚醒大家正視該等問題的嚴重性，並促速謀解決以提振投資意願，確保台灣經濟的持續茁壯發展。

沒想到，因踩到政治禁忌話題，江丙坤就成為社會關注的焦點，並引發各界熱烈的討論。事後，郭勵誠伴隨江部長赴國民黨中央黨部，出席如何落實江丙坤在中常會專題報告所提建議事項的檢討會議，發現非經濟因素影響投資意願的論點，果真造成某些長官的不快，會中脣槍舌劍、暗潮洶湧，讓人直冒冷汗，後來對江丙坤的仕途確也造成些許衝擊，還曾引起輿論界普遍的關切。

回想當時，江丙坤部長於會中那種對事不對人、據理力陳時弊而不計毀譽的態度，令郭勵誠大為動容，他當下首度有「國之大臣當如是」的深刻感觸，對江丙坤也更加折服。

二、積極促進投資

作為國家的經濟部長，穩健促進社會投資是其「天職」。江丙坤擔任經濟部長時，積極促進投資的作為，尹啟銘記得很清楚。

前經建會主任委員尹啟銘說，江丙坤擔任經濟部長時，提拔他擔任工業局長，由於業務往來，對江部長有更深一層的感動。

有一次，台塑董事長王永慶先生為了要將雲林六輕用地的一部分轉售給小松電子而對工業局大發雷霆。依照當時約定，六輕用地只能自用，不能轉售土地，必須將該土地原價還給工業局，工業局再公告出售，由打算投資的廠商（如小松電子）提出申請。

為何要如此大費周章？主要原因是工業局出售工業區用地都是以開發成本計價，一般而言，該價格都低於市價，為了防止有心人士取得土地後不建廠卻轉售圖利，因此規定廠商建廠後不使用之土地，工業局須以低價買回，再公告出售。但是此作法不為當時的王永慶董事長所認同，因此對工業局是大加批評，成為全國重大新聞。

此時江丙坤部長乃邀請專家學者開會，一探究竟，了解工業局的做法完全是依照法令規定，而且只有該一途徑可行。開完會後，江丙坤親自與王董事長懇談，說明必須採先由工業局買回，再出售給小松建廠使用方式，終獲渠了解。在整個事情處理過程中，部長對工業局未曾施加任何壓力，反而盡力把關法規、通盤了解工業局做法後，向王董事長說明。此種勇於任事、徹底釐清事情原委的精神、充分與人溝通的態度、替部屬設想的領導管理方式，在在都是值得學習的榜樣。

其次，江丙坤對於中國鋼鐵公司的民營化，也做出了貢獻。

據中鋼公司董事長鄒若齊說，中鋼為一九八九年八月行政院核定公營事業第一波優先民營化對象之一。江丙坤任經濟部長後，積極推動國營事業民營化。一九八九年四月至一九九四年八月，經濟部共五次釋出中鋼官股後，政府持有中鋼股權尚有六七・七六％，一九九五年三月第六次釋股，是中鋼邁向民營最關鍵的一次。

民營化千頭萬緒，其中員工權益問題最為棘手，包括年資結算金估算、預發與結算、年資採計認定、勞工退休準備金配合申領、留任意願調查、公勞保補償、第二專長訓練等。幸賴江丙坤全力支持中鋼所提相關措施，於一九九四年十二月二十三日，由經濟部與京華證券公司簽訂公開承銷契約。這次中鋼官股釋出，採取全民釋股，民眾認購踴躍，可謂全民運動，是投資大眾對中鋼經營績效的肯定。一九九五年四月十二日完成股票過戶，政府在中鋼持股比率降為四七・八一％，依法改制為民營。

中鋼民營化後，經營更自主性，乃積極追求成長，為股東、員工、政府及社會創造更大的福祉，形成四贏局面。

另外，據前交通部政務次長陳世圯表示，一九九五年初，國際知名的德國「拜耳公司」，評估分析之後認為台灣台中港區「地理位置適中、交通便利、技術人力水準高、港口適合長期規劃與營運；可提供亞洲地區客戶快速出貨服務」，因此向我政府提出投資申請設立「遠東聚優公司」及設廠，擬生產「二異氰酸甲苯酯」，並作為拜耳公司的「亞太地區製造及營運中心」。這是政府推動台灣成為亞太營運中心的第一個外資投資案，政府部門非常重視，產業界及全國大眾都在熱烈期待後續的發展。

當時陳世圯擔任台灣省政府交通處長，台中港區土地使用與租約的權限，歸屬交通處管轄。為了府院協調方便與省議會溝通，時任經濟部長的江丙坤，當年多次不辭辛勞，以其永不放棄的「拚命三郎」的奮戰精神，親赴省府辦公室協商，並邀陳世圯以專業論點，共同向省議員進行說明溝通。可惜事與願違，二年多的努力過程還是功虧一簣。主要原因是一九九七年的台中縣長選舉結果，由民進黨籍廖永來當選縣長，喊出「反拜耳」、要以「公投」表決來決定拜耳公司在台中投資案的去留，且獲得省議會民進黨籍議員的聲援。

台灣省議會在一九九七年十二月，議決「擱置」投資案審查；第二天，拜耳公司立即宣布「停止在台投資計畫」；一九九八年三月，拜耳公司即宣布將轉往美國德州設廠；等於向全世界昭告台灣投資環境惡劣，造成我國連續十五年的大型外商投資停頓。

這一場攸關台灣經濟轉型與發展的大戲，原本可以順勢帶動台灣地區的上、下游產業多面向發展，使台灣更早取得先機，提升國際競爭力，最終卻因為政治因素而流失了機會。這種挫敗的苦果，看在「經建老兵」的眼裡，怎能不心痛？

三、促進國內產業升級

促進國內產業升級，也是經濟部長的重要任務。據資訊工業促進會董事長史欽泰說，他很榮幸，在江丙坤擔任經濟部長時，出任工研院院長一職，和江部長互動甚多，也有許多值得與大家分享的回憶。江丙坤於一九九三年二月出任經濟部長，史欽泰在一九九四年四月由經濟部舉薦，行政院長連戰任命為工研院院長。工研院是經濟部支持最重要的法人研究機構，每年經濟部編列大筆科技專案經費，委託工研院從事前瞻研究。江部長也同時擔任工研院的常務董事。

從與江部長的接觸中，史欽泰深刻體察到，江丙坤是一位認真細心、尊重專業、信任授權的長官。在史欽泰當院長任內前幾年，所推動的許多改革與建置：工研院的經營政策、前瞻科技研發、專利權運用、制度革新……等，只要有確切完整的計畫、充分的說明，江丙坤都鼎力支持，這對工研院而言，是非常重要穩定加速研發的動力。江丙坤還曾經因為力挺工研院技術研發的智慧財產權，不畏民意代表、廠商的壓力，令史欽泰印象尤其深刻。

江丙坤多次親自出席工研院前瞻研發計畫成果的活動，對研發團隊表達肯定：一九九四年八月，主持汽車共用引擎十六汽門雛形機的啟用典禮（一九九五年七月，中華、裕隆、羽田、三陽四家公司投資成立華擎公司）；同年十二月，促成次微米實驗室衍生世界先進公司，頒發「點矽成金」獎牌給工研院；一九九五年四月，見證工研院與俄羅斯科學院簽署技術合作備忘錄（破冰之後，工研院於一九九六年七月在莫斯科成立辦事處）……等等。

而對制度改革的支持，讓工研院建立了績效更佳、更經得起公評的制度。譬如：

科專經費結餘繳庫，變更為獎勵法人研發績效而得以保留的「公費」，以這筆「獎勵金」彈性運用，包括自主研發計畫，使得經費的運用更具實質效益；員工工時制度的建立，更為名實相符；支持工研院設立南部分院，拓展研發能量，協助南台灣產業轉型與升級，進而推動台灣成為科技島；認同工研院為協助產業建立智慧財產權管理及科技研發成果運用的制度，成立APIPA（亞太權發展基金會）……等等；工研院得以成為造就台灣高科技產業的創新引擎。江部長對工研院的充分支持，與對史欽泰個人的肯定，讓史欽泰覺得自己擔任工研院院長的工作，非常有成就感。

四、「拚命三郎」的為政風格

當江丙坤接掌經濟部時，國內經濟亟圖發展，千頭萬緒、百端待舉。前經濟部主任秘書高辛陽說，江丙坤藉其睿智與魄力掌握部務；曾子曰：「夫子之道，忠恕而已矣。」以忠恕之情懷來形容江丙坤的風範，應係恰如其分，所謂盡己之謂忠，推己及人之謂恕。高辛陽印象中，在追隨江丙坤部長的日子裡，部長雖整日為經濟事務勞神、盡心盡力，在日理萬機之際，尚不時關懷部屬。而其律己甚嚴，秉持「今日事，今日畢」之觀念，故每當在夜晚離開辦公室時，仍須拖著整袋「行李箱」之公文，返宅批閱做「家庭作業」，他早起晚眠，辛勤備至。

子路問政，孔子曰：「先之、勞之。」所謂凡民之行，以身先之，則不令而行，凡民之事，以身勞之，則雖勤不怨。高辛陽認為，江部長之處理經濟事務以及待人接物，又何嘗不是如此，亦完全實踐了孔老夫子「先之、勞之」的精髓。

江丙坤在主持經濟部政務的歲月裡，無論大小政務，總是鉅細靡遺，事必躬親，憶及在《拚命三郎——江丙坤的台灣經驗》新書發表會上，辜濂松董事長對江部長敬業從公的精神，讚譽有加，深感欽佩，並提及部長凡事親理，有「江專員」之稱的佳言，當時席中即有同仁反映，非也，依江部長實幹苦幹的作為，應是「江科員」。總之此均彰顯江部長先之勞之的精神，若無其在經濟事務上奠好的根基，又何能有傲視國際之「台灣經濟奇蹟」！

經高辛陽多年來觀察，江部長不僅有節用惜物之美德，更具溫、良、恭、儉、讓的風範。依高辛陽個人體悟，以此文字來形容江部長，絕無言過之詞。憶及在其主持部務期間，自我要求頗高，惟對部屬之關注，雖不斷秉持求精求實，但態度是溫和的，待人謙恭和善，部內同仁不分軒輊均能感受。就高辛陽所見，江部長從未動怒，更極少大聲講話，縱使屬下若偶有謀事不彰，亦從未見其嚴詞苛責，仍以不厭其煩、諄諄善誘，而其耳提面命，待人之道、處事之方，甫能使事事順遂。

高辛陽追隨江丙坤多年，從未受其責難，但每次的叮嚀反會使他內疚與自責，惟更加強了他的信心與責任。深覺江丙坤談話慢條斯理，但極富邏輯，尤對經濟事務的分析，清晰詳明，但不乏有善意的建議與諍言。當高辛陽每聽一次教誨，頓覺增長智慧，斯時雖偶有無法及時領悟，如今歷經十幾寒暑，回顧追隨江部長的歲月，常能深切體會到，江丙坤照拂部屬之殷，崇敬之心油然而生。

前經濟部中小企業處處長、現任台船國際公司董事長賴杉桂則指出，回顧過去長時間公務生涯，追隨多位長官工作，受益頗多，每一位長官均有獨特風格與特色，也值得細細回味。他的公務生涯僅在經濟部商業司與中小企業處服務，與江丙坤先生共事大約在一九八九至一九九六年這段期間，經歷了其常務次長、政務次長督導商業司工作及部長領導部務的階段。江丙坤的處事風格、思考事情的周密及系統化思維，最令賴杉桂印象深刻，也最令他折服，同時江丙坤對任何重要事務不厭其煩、不斷思考精進指導部屬；印象中，一件事情往往前一日談到某一程度，隔日又有新的創意，足見對公務之全心全意投入程度與對問題的深刻掌握核心關鍵，均有深度的見解與宏觀前瞻的策略思考。身為一個部屬，賴杉桂真的打從心裡佩服與感謝，主要是有如此良好機緣可以親近江丙坤，學習其處世待人之精髓。賴杉桂舉三件印象深刻的事來分享——

（一）對政府組織獨到的見解：

經濟部商業司是個幕僚單位，但業務廣且龐雜，一九八三年起，即經常談如何改制為商業局，賴杉桂經常被指定籌劃研議此業務，舉凡蒐集資料研議分析，包括商業的定義（廣義、狹義），各國對商業部門的組織形態、運作模式等相關比較。在江丙坤任常務次長及政務次長期間，較有機會討論互動，了解到其實江丙坤對政府組織有獨到深入見解與看法，特別是重視團隊施政整合作業決策能力的關東軍作戰模式。有一次開會突然表示，改局並非升格，對照現在政府組織再造的格局與思維，實令人佩服其前瞻看法。

（二）精簡表達所有理念與業務情況：

常遇到江丙坤要求，希望能用一張大表清楚架構表達所有的理念與業務的情況，有一次也被要求將公司、商號登記與管理權責角色釐清，希望建構一張圖表來說明。當時商業司的司長、副司長要賴杉桂去畫圖表，他花了一些工夫，建構了兩張大表分別對營運主體（公司、行號、財團法人、攤販……等）及其設立、申領執照、管理的權責機關做了描述。向當時江丙坤政務次長提呈報告，似乎還符合要求，事後，江政次還仔細詢問是何人著手規劃的表？讓他感覺頗有成就感。當時確實用心思考花時間完成這項任務，也因而讓賴杉桂學習到 One page concept report.（一頁概念性報告）的重要，今日想來，這好像就是在練功，賴杉桂心存感激，自此，亦與江丙坤有了深刻的互動與印象。

（三）系統整理資料與分類：

江丙坤整理資料、分類的能力，亦頗令賴杉桂覺得受益無窮，常常一轉身，在滿滿資料櫃的某一角落，江丙坤就能即時取出所談主題的檔案，而且整齊有層次，真的是用心並且有系統。

除了工作業務上的學習與教導外，賴杉桂也因緣際會隨同當時任部長的江丙坤前往靈鷲山及萬里靈泉寺，修習一日禪，來個心靈之旅，沉澱身心，親近佛法（當時掛單的室友是謝錫銘及張有惠），雖時間短因緣尚未成熟，致未能坐定，但也已開啟了賴杉桂對佛學的嚮往與興趣，埋下了日後期待進一步修行精進的種子，這種殊勝因緣，今日回想起來，只能說奇妙不可思議。

五、鮮為人知的個人特質

前行政院主計處會計管理中心執行長吳文弘，則列述了江丙坤鮮為人知的特質——

（一）待人友善，謙虛誠懇，從不罵人：

吳文弘記得在那段追隨江丙坤期間，無論部屬耽誤事情或做錯事，從未見江丙坤先生以嚴厲的口吻責備或謾罵，反而是以溫和的態度關心、鼓勵和協助，讓大家把事情重新做好。這種不惱、不火、不責怪部屬的態度，在現代政界和企業中，皆是很難見。

（二）注重做事方法和效率，齊一步調有效管理：

江丙坤做事講究工作效率，態度認真，鉅細靡遺。例如，每次部務會報，凡各機關未完成之工作均要求逐一列入追蹤，下一次會議開始，就先討論上次未辦理完成事項，一定要等到各機關（單位）確實完成了，他才同意逐項解除列管，如此不斷地追蹤、催促，對各單位雖形成很大壓力，但卻讓每件事情之推動進度都能有效掌握，無一疏漏，讓大家一齊努力、一齊進步，非常有效率。

（三）馭繁為簡，簡化管理：

江丙坤的邏輯思維清晰，凡事能掌握關鍵重點，因此在經營管理績效上，有很出色的表現。尤其在預算方面，要求本著零基預算精神，每一機關或單位皆應將其經營理念、目標、成果、特色、預算及問題等重要資料，有系統地加以濃縮彙總，再以一張簡表（又稱工作底稿），有系統地完整呈現出來。因此，大家都稱他為「簡表先生」。如此在應付立法院諮詢時，極為方便又能充分掌握部屬各機關業務重點、特性與預算等資料，能夠針對問題實問實答，直截了當地提出有效解決方案。不僅獲得當時眾多立法委員之讚賞，也成為日後許多部會學習之對象。

（四）善待部屬，如同家人一般：

江丙坤對待部屬，上自司處長、機關首長，下至司機、工友，皆如同自家兄弟姊妹或子女一般，也因此相對地贏得經濟部上上下下同仁對他的愛戴與尊敬。宅心仁厚的江丙坤，能以善念來體諒與教導部屬。對於犯錯的同仁，均設法給予改過自新的機會，而不只會逕予嚴懲，而斷送其大好前程。記得有一次，有一名駐外商務人員，遭人檢舉，疑似以從國外百貨公司撿回來的發票虛報公款，而照往例一經發現涉案，就會立即被調回國內並直接送司法機關查辦。但江丙坤愛護並體恤部屬，特別交代政風處及會計處，先調查清楚，再視情節輕重決定如何議處。除非調查結果涉及司法之重大案件仍應由部移送外，倘按部內既有獎懲法規，可逕予處理解決的，就依法直接議處即可，不必送司法機關調查。事後經調查發現該員僅是行政程序不周問題，並無貪瀆行為，也因此僅受到一般行政處分而已。那位年輕同仁因而免受了一場不必要的打擊。

據前經濟部常務次長許柯生回憶，一九九一年，江丙坤擔任經濟部次長，許柯生擔任國際貿易局局長期間，有一次經濟部宴請立法院經濟委員會委員，在來來大飯店（現為台北喜來登大飯店）二樓湘園設宴，江次長為主人，許柯生參加作陪。宴會開始二十分鐘後，吳梓委員趕到，他入席後自飲一杯，說是遲到罰酒。隨即舉杯敬江次長，接著要許柯生喝酒。

許柯生因為不會喝酒，公私宴會一向以茶代酒表示敬意，因此許柯生便向吳委員說：「吳委員，我向您報告，我不會喝酒，對不起，只能以茶表示敬意。」吳委員回道：「許局長，哪有不會喝酒的道理，這一杯你一定要喝！」許柯生又說：「實在對不起，我真是不會喝酒。」場面有些尷尬。江次長此時向吳委員說：「吳委員，許局長真是不會喝酒。」吳委員仍堅持說：「不行，我這一杯，他一定要喝！」江次長接著說：「吳委員，這樣吧，我代許局長喝一杯好了。」吳委員驚訝地說：「江次長，哪有長官替部屬代喝酒的道理？好吧，許局長不喝就不喝吧！」一場敬酒風波到此結束，許柯生也逃過被逼喝酒的一劫。

的確，在我國的習俗裡，只有部屬代長官喝酒的分，哪有長官替部屬喝酒的道理！這段往事可看出江丙坤愛護部屬之情，許柯生想起來仍歷歷在目，衷心感佩。

而在經濟部長鄧振中的印象中，江丙坤的生活很有條理，經常把抽屜整理得很乾淨，他常說，抽屜要整理乾淨，閉著眼睛都能找到東西，生活秩序就是要建立到這種標準。這樣的要求，鄧振中在剛擔任江丙坤秘書時，是有點壓力的，但是久而久之，也養成了鄧振中的生活習慣。

此外，江丙坤從不疾言厲色對待部屬。鄧振中記得一九八四、一九八五年間，自己在華府擔任小秘書時，那時江丙坤是國際貿易局副局長，到華府出差。鄧振中當時負責開車送他去參加一項重要的活動，不料一時疏忽，忘記先做檢查，車開到一半，沒油了，卡在交通最繁忙的大馬路上，進退不得，也攔不到計程車。而當時車上還坐著「大長官」，鄧振中心想死定了，他是一個這麼重視時間的人，怎能容忍這種失誤出現?!最後，費了很大勁，他終於攔到計程車，把江丙坤送到目的地，但已較預定約會時間遲了些，但是江丙坤連一句責備的話都沒對鄧振中說。多年後，鄧振中再提及這件糗事，江丙坤也只是笑笑。

而在駐香港商務組商務專員鄧松棠心目中，最令他佩服的是江丙坤和媒體的關係。江丙坤是與媒體關係最緊密的一位首長，當年正當媒體百花齊放之際，要獲得眾多不同新聞媒體的信任，並非容易的事；而江次長發揮了「江科長」的認真懇切，主動努力，積極經營經濟部及相關單位與媒體之間的關係，培養各個單位和媒體朋友之間的信任感；除了要求新聞科每日做足功課，主動親切與媒體保持聯繫之外，他還處處設身處地為記者服務。

在那段時期，跑經濟部的記者號稱是最好命的，因為每天總是會有基本的新聞稿糧草供應，滿足發稿的需求，讓記者們各個都滿載而歸。江丙坤也親自率各次長輪班，因應早晚報與電子媒體不同特性需要，配合舉行記者會，對於即時性、突發性的新聞，也會立即安排相關首長出來應對，減少記者的負擔與壓力。因此經濟部新聞服務工作獲得普遍的好評，當時許多部會公關新聞部門慕名到經濟部來學習。

當時鄧松棠在介紹經濟部新聞聯繫工作業務時，總是要強調，最重要的還是首長要能有似江次長般的心，重視媒體並願意親身與媒體密切接觸，真誠懇切的為媒體解決困難。江丙坤後來高升部長，都一貫維持真誠地與採訪經濟部的記者互動，許多當年的媒體朋友現在都是江丙坤董事長的好朋友。每每談及此事，對江董事長的佩服常常溢於言表。

除新聞媒體服務業務外，也因為新聞聯繫工作需要，讓鄧松棠有機會近身學習到江丙坤主政時期如何細心、冷靜又客觀的處理諸如核四預算、WTO談判、美國三〇一制裁、油電價格調整、國營事業工安、夏季缺水，乃至國家中、長、短期產業政策研擬等各種不同經濟議題的挑戰，也讓他對江丙坤公忠體國與戮力從公的精神萬分敬佩。

六、認真周到的做事風格

前經濟部國會聯絡人黃仁勇，曾於江丙坤擔任對外貿易發展協會秘書長期間，任職麾下擔任最基層小主管，繼而得在一九八八年起至一九九六年間，為江先生在經濟部次長而至部長任內，戮力達成經濟部與國會間良性互動關係，雖經歷數項重大經建政策推動起伏，均得逐一順行。其間領受到江先生的做事風格——

（一）事必親與，感同身受：

記得首次共事時，江先生係受命整頓重負新使命的機構——外貿協會。初任不久即利用中午或上下班前後空餘時間，逐一召集最基層主管就經管業務與規章逐一審理。讓當時身為最小主管的黃仁勇，除覺深感受重視外，並對首長親自參加檢討執行規範，上下一致戮力執行的新文化，實為日後工作勝任愉快的肇始。

（二）體恤所屬，充分授權：

爾後因緣際會，黃仁勇追隨江丙坤至經濟部工作，由於國內適逢民意抬頭，幸得受命協助處理與民意機關的溝通協調等事務。曾為重要法案或政策得以推動，除在各項業務會報要求黃仁勇參與討論，並銜命向民意代表說明。記得在為「貿易法」的立法與為對美「三〇一條款」的疏解進行溝通時，每遇有阻礙或被曲解，就責成黃仁勇安排陪同親往說明；期間曾有約訪某位在野主要委員當面說明時，卻因該委員因故不及現身，但江丙坤仍不以為忤地，留在其研究室向其助理做詳盡說明，使該委員頗受感動，轉而以支持收場。致日後不論朝野民意代表，對江丙坤在任時之法案、政策，甚至各項預算之執行，均予全力支持，形成行政與立法間最佳夥伴的關係，可說全是受江丙坤的至誠心意與充分溝通風格影響所致。

（三）形成朝野溝通典範：

黃仁勇在經濟部期間，正值朝野對石化業與核能電廠的推動產生重大爭議。尤以中油五輕與台電核四兩計畫備受社會關注，甚至為核四推行而動用行政院覆議案。此案對社會造成重大衝擊。為因應該情況，江先生親自督促建立經濟部溝通服務網，在部屬單位或機構（即各行政機關或國營事業機構）設置各縣市的服務據點，按地區（縣市）分別設立任務編組，以達全面化溝通與聯繫，並提供直接立即性的服務。此項全面工作網，日後為各部會或相關單位援用，甚至號稱「核四模式工作網」，儼然成為各項政策溝通工作重要參考典範。

（四）以民生所利，廣納眾意：

鑑於社會多元主張與需求，江丙坤為在各地方建立的溝通服務網，在平時除要求必須提供最新資訊與有效服務外，並適時了解各地需求，即時回報部內，俾參酌優先納入政策推動項目。在每次各項民意代表改選後，即要求各地蒐集當選代表的政見，彙整至部，以列為年度推行目標。如此廣納地方需求，建立共謀發展措施，自必受地方大力支持，並對民生發展創造最佳環境。

七、建立台灣經濟部品牌形象

前外貿協會產品設計推廣處處長鄭源錦則說，江丙坤先生的做事特色是條理化，並且善用人才。江丙坤在經濟部時給人印象最深刻的是，一九九二年建立台灣經濟部的品牌形象，成為我國政府機構建立形象識別系統的典範。

品牌是用來識別組織機構、企業與商品及行銷服務形象的信賴標誌，為導入社會大眾推廣溝通傳達的視覺與心靈意象之關鍵符號。

政府機構的品牌形象（Brand image／Identity）建立，經濟部是一個開端。

一九九二年五月，當時經濟部江政務次長電請在外貿協會擔任處長的鄭源錦，統籌協助設計經濟部規劃整體形象識別系統：標誌、色彩計畫及出版規格化設計（包括各種出版品：公報、法規、實施計畫及各項研究報告……等）。

當時，鄭源錦即在貿協產品設計處內成立設計工作九人小組，在經濟部大會議廳經過多次的設計提案簡報與檢討，共經六個月的時間，在江部長的主持下，經各局處司主管均取得共識後，始確定該標誌。

經濟部的標誌設計（Symbol Mark），是以「Economic」字首「E」的變化構成，中、外人士均易辨識，整體設計穩定而有律動速度感，象徵台灣在穩定中持續成長的經濟力。至於標誌設計的色彩計畫，則是以紅、藍雙色搭配。

仔細解讀經濟部的標誌，具有下面的特點：（一）具意義（具有經濟部與經貿的時代精神）。（二）易記憶（形色簡明、特殊、與其他部門之標識有差異性）。（三）易製作（平面、立體、放大縮小及各種材質運用均可）。

當標誌設計完成後，隨即運用到經濟部各部門，從大到小，包括名片、信封、信紙、與專刊封面設計的運用。經濟部標誌及出版規格化設計，一九九二年十二月完成運用至今，已逾十年以上，形象始終良好，足以證明良好的商業視覺傳達設計，可產生良好的組織凝結向心力，能夠歷久彌新。

而經濟部規劃整體形象識別系統，已奠定了政府識別形象的先例；也鼓勵了產業界推展品牌進入世界。政府的「品牌台灣（Branding Taiwan）」計畫，已於二〇〇八年展開。江丙坤對台灣品牌形象的推展，實在具有深遠的意義。

第六章

制度革新　策振經建

一、出任經建會主委建樹卓越

一九九六年六月，內閣改組，江丙坤出任行政院經濟建設委員會主任委員。這是我國首次總統民選後組成的第一個新內閣。

當時任經建會主任秘書的劉玉山回憶說，江主委在經建會的四年任期中，台灣先後歷經「賀伯颱風」、「亞洲金融風暴」及「九二一大地震」的衝擊，政府團隊應變得宜，台灣經濟始能在逆境中維持穩定成長，在這段時間，江主委不僅展現了「拚命三郎」的工作熱情，他那堅毅、執著、從容的人格特質，更讓身為部屬的他們畢生難忘。

劉玉山說，熟悉江丙坤主委的人都知道，他出身農家，待人誠懇，做事認真，有人說他的做事態度就像他打高爾夫球，每一次揮桿都要求完美！在江主委的帶領下，經建會同仁在國家發展的關鍵時刻有許多關鍵作為，諸如：（一）研擬「跨世紀國家建設計畫」。（二）執行「亞太營運中心計畫」。（三）推動「加入WTO等國際經貿組織」。（四）實施「擴大國內需求方案」、「強化經濟體質方案」。（五）

研擬「加強對東南亞經貿合作行動方案」。（六）制定「促進民間參與公共建設法」。（七）修訂「國土綜合開發計畫」。（八）落實「促進東部地區產業發展計畫」、「創造城鄉新風貌行動方案」。（九）訂定「九二一災後重建計畫工作綱領」。（十）整合規劃「國民年金制度」。

劉玉山記得，有一次他陪同江主委、人力處同仁到立法院黨團，列席報告第二階段「國民年金制度」規劃工作的方向和內涵。會後有位立委私下表示，經建會主管的口頭報告和委員們所提的問題，他聽得霧煞煞、毫無頭緒，還好最後主委重新整理委員所提的問題，並一一向委員確認其意旨，再加以深入淺出的解說，這位委員終於了解實施國民年金的真諦和經建會的規劃構想，也不得不佩服「江科長」的功力。

江主委在經建會的一千多個日子，推動的工作攸關提升國家競爭力與台灣的永續發展，劉玉山說，江主委展現的視野、遠見與執行力，普遍受到各界肯定，他是部屬愛戴、國會肯定的政府首長，也是人氣很旺的政務官。一九九八年二月，他擔任政務委員兼經建會主委後，「財經小內閣」的功能更加強化，任內兩度獲層峰欽點，以總統特使的身分參加APEC（亞太經濟合作組織）高峰會議，在國際舞台展現領袖魅力，可說是他經驗與智慧的累積。

二、成立「三三會」推動對口交流

江丙坤在經建會主委任內，另有項重要舉措，就是推動成立「三三企業會」，簡稱「三三會」。

三三會的緣起要回溯到一九九九年，當時台灣和日本的貿易逆差非常之大，而且每年成長，政府希望找出方法來減少這項逆差。在經濟部門推出了發展關鍵零組件計畫。時任經濟建設委員會主任委員的江丙坤，對日本經貿有豐厚的了解，提出籌組「三三會」，邀請了台灣大企業加入，來與日本的大集團企業十八家推動對口交流。期盼台、日企業家透過長期交往，累積人脈，雙方能成立策略聯盟，強化雙邊投資、技術及貿易交流，提升台、日實質關係。

前行政院研考會副主委江偉平說，江丙坤當時推動成立的三三企業會，是希望結合台日雙方的資金、技術、市場，來促進台灣的產業發展，提升國家競爭力，達

▲經建會主委交接（1996 年 6 月 10 日）。

▲江丙坤（右）與前總統陳水扁討論國事。

到經濟持續成長的目的。

之後於二〇〇〇年，江偉平受辜濂松董事長之提拔，進入中國信託輔助辜董事長的周邊國際經濟貿易協會及相關國際組織。由辜董事長擔任會長多年的三三企業會，經常可以看到「最高顧問」江丙坤的身影。

前三三會秘書長劉遜說，提到「江丙坤」三個字，相信不只台灣，連中國大陸、日本，甚至東南亞國家，凡是稍有地位的人沒有不知道的。但是提及三三會，也許在台灣除了工商界及少數部會首長外，鮮有人知曉，可是在日本各大商社，以及中國大陸如北京、上海、廣東、四川等大城市的企業團體以及各省級高幹乃至中央高層領導，都擁有了極高知名度。如果說三三會重要，更要說三三會幕後的推手更為重要，這默默奉獻的推手，就是江丙坤先生。

首先，追溯到一九九九年初，時任經建會主任委員的江丙坤，有感於台灣與中國大陸的經貿往來將日益密切，而大陸的經貿版圖亦將成為台灣企業家們爭相拓展的目標。相反的，對於日本市場的依賴似已日漸萎縮。但日本畢竟是一個科技發達、研發創新能力超強的國家，不僅過去數十年來對我國的經濟發展厥功甚偉，今後台灣在尖端科技研發創新方面，仍將有賴於與日本的合作。因此，如何維持和繼續加強對日經貿關係，確有必要。

江丙坤先生有感於此，乃在獲得政府的認可與國內重量級的工商大老支持下，於一九九九年七月成立「中華民國三三企業交流會」（因為該會嚴格規定每個月第三週的星期三舉行午餐聯誼會，故簡稱「三三會」），會員僅五十個，入會條件是年營業額必須超過新台幣二百億元之企業團。首任會長為已故的辜振甫先生，江丙坤先生自創會即被聘為「最高顧問」迄今，劉逖也在江丙坤的推薦下，擔任第二任秘書長，至二〇一〇年底請辭退休，由現任秘書長郭勵誠接任迄今。

正因前述三三會的主要目的是加強國際經貿交流為主，初期則以日本優先，因此，三三會的重要活動之一，乃是每年籌組一或二次大型企業訪問日本各大商社，希望透過面對面的交流和討論，增進雙方技術合作，以及說服日商來台投資。十年來的十五次訪日團，除了為會員企業團創造莫大的商機外，間接的也替台灣中小企業帶來難以估計的利益。

▲江丙坤（右二）出任中國國民黨副主席（1997年）。

▲江丙坤（左）參加馬來西亞APEC領袖會議，與新加坡總理吳作棟舉行雙邊會談（1998年11月5日）。

◀江丙坤（右一）和王志剛（左一）赴印尼參加雙邊會議（1998年）。

▲行政院長蕭萬長與各部會首長及相關主管合影留念（1997年9月）。

三、社會關懷的重要改革

前勞工委員會主任委員詹火生說，江丙坤在其長達半世紀的公職生涯中，事功豐碩；就詹火生而言，江丙坤在其經建會主任委員任內（一九九六年六月至二○○○年五月）推動「國民年金」保險制度的規劃工作，建構我國高齡化社會的經濟保障，因應高齡化社會的來臨，是令他記憶最深刻的一件事，也是最讓他敬佩的地方。

一九九三年，我國人口結構正式邁入「高齡化社會」（Ageing Society）；即六十五歲以上人口佔總人口跨過七％的比率。當時執政的國民黨與在野的民進黨開始為「國民年金」與「老人年金」進行政策大辯論，國民黨主張採「國民年金」保險制度，而民進黨則主張由政府稅收支付的「老人年金」。

當時社會大眾對於「國民年金」與「老人年金」的差異，並沒有太多的認識，因此，內政部於一九九三年四月成立「國民年金制度研議小組」進行國民年金制度的研議，探討「國民年金」與「老人年金」制度上的不同；之後，一九九四年四月，經建會參考當時即將立法的「全民健康保險」的經驗，成立「國民年金制度規劃指導小組」，下設「國民年金制度規劃工作小組」，積極進行國民年金制度的規劃工作，並於一九九五年四月提出「國民年金保險制度整合規劃報告」，明確建議為符合國情，國民年金宜採社會保險制。

最初啟動國民年金規劃報告工作，是時任經建會主委（一九九三年二月至一九九四年十二月）的蕭萬長先生，一九九五年四月「國民年金保險制度整合規劃報告」提出後，江丙坤先生於一九九六年六月接任經建會主委後，即戮力推動。當時「國民年金制度規劃指導小組」對於國民年金的範圍是否採取「國民年金基礎年金」制度（俗稱「大國民年金」）或「小國民年金」制度（僅以未參加社會保險的人口為對象），有不同的主張；工作小組就分別規劃大、小國民年金兩套制度，再視民意決定採取哪一項制度。

詹火生當時為規劃小組的一員，對江丙坤主任委員強調：從高齡人口的經濟安全保障來考量，「大國民年金」制度是未來長遠發展的目標，印象十分深刻。驗諸國民年金於二〇〇八年十月一日正式實施以來，不同職業人口之間的年金制度（勞保年金、國民年金）因制度差異而比較年金數額，間接埋下了未來我國社會保險年金財務方面的潛在負擔。如果能夠一開始就實施「大國民年金」制度，不但可以健全社會保險年金的財務，而且更重要的是，可以彰顯政府對所有人口的平等補助，符合社會公平原則。

經建會參事劉玉蘭指出，一九九六年六月，行政院經濟建設委員會主任委員由經濟部江丙坤部長轉任，其後至二〇〇〇年五月二十日，經建會在江主任委員領導之下，推動許多國家重要建設及政策措施。劉玉蘭在一九九六年七月，獲江主委拔擢擔任人力規劃處處長。

人力規劃處是掌理國家人力資源相關政策的研擬、審議及協調等工作，配合國家建設計畫研訂人力發展計畫，針對當時人口政策、教育發展、職業訓練、就業服務及勞資關係等政策，提出具體的改進建議。平常亦須定期進行勞動市場分析及人力資源相關的研析。此外，一九九〇年代許多社會福利政策推陳出新，人力規劃處也開始負責社會福利相關政策的規劃與推動，在經常性業務外，同仁須經常就自己的專長領域進行政策性的研析。

劉玉蘭說，經建會是行政院的幕僚單位，隨時會有來自行政院的交辦重要工作，有些是需要長時間的專案性規劃工作（如國民年金之規劃），有些是短期問題的分析或解決方案的研擬。在江主委主政期間，許多重要工作江主委不只是精神上的領導，而且是實質與同仁共同探討問題，提出解決方案，尤其是很多需要高層長官支持或部會間的協調推動，都由江主委親自帶領同仁努力促成。劉玉蘭以下列三項重要工作為例，說明他們在江主委帶領下推動相關措施的情形——

（一）國民年金規劃：

江主委到經建會不久，該會奉行政院指示進行第二階段的國民年金制度規劃，江主委即於一九九六年九月二十五日指示成立規劃指導小組與工作小組，並親自擔任指導小組之共同召集人。

江主委非常重視國民年金制度的規劃，在他任內，共計召開了五次指導小組與二十七次工作小組會議，完成制度的規劃，並兩度於行政院政務會談中向院長簡報。為利推行，江主委亦曾於一九九九年五月二十六日親自於中國國民黨中央常務委員會中向總統進行專題報告。國民年金制度原規劃於二〇〇〇年底開辦，但由於一九九九年發生九二一震災的影響，國民年金制度決定延後實施，之後又因政黨輪替，民進黨擬以稅收制取代原規劃的社會保險制；經多年討論後，還是以社會保險制推動。

（二）勞工退休制度的改革：

勞工退休制度的改革，多年來勞委會一直希望改為附加年金制，也就是與勞工保險相同的社會保險制度。但經建會以勞工退休係企業責任，如改為社會保險制，勢將企業責任轉為政府承擔，將造成社會不公與世代間的不公平，因此經建會力主應採個人帳戶制。

經多年來的協商，均未能獲致共識。直至江主委主政期間，他發揮協調長才，與工商團體、勞工團體多次協商，並在勞委會與各目的主管機關間多方折衝，最後獲得共識，其後即由勞委會展開立法工作，順利推動現行的勞工退休制度。

（三）政府機關放假日數的調整：

此案源於當時政府機關每週上班五天半，民間已有實施週休二日及縮短工時的訴求。一九九七年二月廿七日，行政院會蕭院長指示就政府機關放假日數是否合理及放假規定，應深入研究探討，由經建會邀集內政部、勞委會、人事行政局等相關部會，與工商界及勞工代表研商。

經建會接獲行政院的指示，即進行研究，包括：我國政府機關放假日數與國際比較各國實施週休二日制的過程，我國民間放假日及週休制現況，放假日對總體經濟的影響等方面進行探討。初步的共識是週休二日是國際潮流也是必然趨勢，但我國國定假日偏多，在推動週休二日制的同時，亦應調整國定假日，使全年放假日數與國際主要國家相近；但如何去調整國定假日則是一大問題，尚須進一步取得共識。

由於民間實施週休二日及縮短工時的訴求甚為殷切，一九九七年三月，江主委在立法院進行施政報告時，立法委員針對本案質詢，並要求在一個月內完成。經建會即快速分別邀請工商界團體、工會代表、社會公益團體、學者專家暨相關部會一起研討座談，同時透過網路調查對調整國定假日的意見。

最後，於一九九七年四月廿一日完成「政府機關放假日數之檢討及調整建議」呈報行政院。此案即為現在實施週休二日及國定假日調整的依據。劉玉蘭記得，江主委當時對放假總日數及春節放假日數是否能與民間作息配合，特別關心，還特別指示同仁利用萬年曆，查出至二〇三一年各年的放假日數以呈報。

江丙坤的社會關懷事蹟，還有一項是規定「騎機車要戴安全帽」。據邏輯電子公司董事長莊國欽說，江丙坤任經建會主委時，連戰先生擔任行政院長，當時行政院成立「提升國家競爭力」的推動小組，莊國欽被聘為委員，江丙坤是執行秘書，在行政院定期開會。石滋宜和莊國欽曾共同提案「騎機車要戴安全帽」，立刻獲得認同，並列入結論，不久就開始執行，至今不知救了多少生命（減少腦震盪）。回想起來，騎機車戴安全帽跟駕車繫安全帶的規定，是我國交通事故傷亡率獲得大改善的關鍵，而警察依法嚴格取締罰款，更是箇中關鍵。

四、裕國利民的制度建設

中華勞資事務基金會董事長鄧學良，則提及江丙坤對於國營企業民營化的貢獻。

鄧學良說，民營化政策既定，由於中工、中石化民營化發生爭議，加上中國石油股份有限公司（以下簡稱：中油）等工會「對民營化＝財團化」之疑慮，時任經濟部長的江丙坤，遂央請趙耀東先生領銜成立「經濟部所屬國營事業民營化諮詢委員會」，探討民營化策略。

由於該會議委員盡是由官方指派之學者專家，中油等工會遂要求亦應有工會推薦之學者參加。江部長回應民意，鄧學良乃受工會主委委託參加該委員會。鄧學良於該委員會提「勞工董事」之議，猶記當時並無太多爭議。為何如此順利？原因不得而知，惟僅知江部長任事用法，以民意為先乙節，或可視為助力。上開提議其後經中華電信工會之推動，終於在二〇〇二年六月十九日，「國營事業管理法」第三十五條中增訂。江部長之一語實為我國公資本與國家社會之應有關係，奠下重要基石。

前經建會副主委蕭峰雄認為，江丙坤先生高瞻遠矚、具宰相格局。蕭峰雄說，江先生不但嫻熟外貿與經濟事務，同時具國際觀，他在經建會主委任內非常重視制度的建立。例如關係著國家長治久安的文官制度，江丙坤提出訂定「公務員總員額法」的構想，行政院可依據法定上限分配各部會所需要員額，不必經常要修正所屬機關的組織員額法。另外有鑒於政府預算編制，以年度為基礎，一些費時超過一年的工程，經常擔心下年度能否獲得所需的預算。江丙坤推動以四年為期的中長期預算制度，讓政策性要推動的建設，一旦通過，能夠無後顧之憂。江丙坤能夠有系統的從國家整體發展去考慮問題，而且提出解決的方案，格局很高，是一位治國的人才，只可惜多次內閣改組，江丙坤與閣揆席位都擦身而過。

前行政院五組組長夏正鐘，則強調江丙坤對我國土地行政的貢獻。他說，多年前，因為我國土地行政法規、環評制度，以及水土保持等相關機制有其競合問題，加上各機關各有本位，致使廠商要變更一塊土地是難上加難，例如：花蓮海洋公園的土地變更，即蓋了七百餘個圖章，費時數年，影響民間投資意願甚鉅，進而影響國家經濟發展，也是當時民怨之首。

有鑑於此，在經建會江丙坤主委的領導下，邀請土地、環保、農政各級主管機關，召開了數十次會議，終於獲得「聯合會勘、併行審查、一次退件」的共識原則，大大的縮短了土地變更的時程，奠定了日後簡化土地審議的基礎，在在說明江主委努力不懈、使命必達的精神。

五、參與九二一災後重建工作

江丙坤擔任經建會主委期間，台灣發生了「九二一大地震」，震央就在南投，江丙坤老家被震毀，使他一時成為災民，但又是政府救災工作的要角。

江丙坤的侄兒江英茂說，四叔（江丙坤）與兄弟姊妹感情很好，相愛扶持，兄友弟恭。出國公出時，都會打電話回老家，告知何時出國？何時返國？每年農曆過年都要回老家團圓拜年。一九九九年九月二十一日凌晨，台灣中部發生震驚全球的「九二一大地震」，他內心十分著急，一大早打電話回南投老家，電話卻不通；他擔心家人安危，當天下午立即開車回南投，老家幾乎全毀，所幸家人均安。

當時政府成立九二一震災災後重建推動委員會，他擔任副執行長，除了全心投入救災工作外，也開始籌劃南投老家的復建工作。復建工作繁瑣，他都親自規劃督導。政黨輪替後，行政院長唐飛經陳水扁總統同意後，邀請他出任駐日代表，可是為了重建南投老家，他以「走不開」為由拒絕了。直到老家「江水軒」落成後，他說：

「災後重建的工作實在太繁瑣了，如果我不在台灣，南投老家重建一定不是現在的樣子！」

前新新聞周刊總編輯黃創夏說，那是在一九九九年秋末，台灣遭逢百年未遇最大天災「九二一大地震」，時任政務委員兼經建會主委的江丙坤，受命與時任副閣揆的劉兆玄共同啟動災區重建。當時災區連鄉鎮公所都是災民，整個行政體系柔腸寸斷，要如何啟動繁雜的重建大計？要怎樣最有效率讓已經殘破的基層行政重新運轉？沒有任何經驗可以學習、沒有任何理論可以參照！

黃創夏有一天搭機往台中前，在松山機場內就只看到江丙坤一會兒皺眉沉思，一會兒翻開公事包拿出一疊資料翻找，突然間，他有了想法了，當場把候機室座椅變成了辦公桌。

到了台中，進了九二一重建會辦公室，江丙坤臨時設計的表格立刻發揮了作用，發到各災區基層，不管是不是原本的承辦官員，只要照著江丙坤設計的程序填寫，很快地寸斷的災區行政串聯起來了，重建會得以統籌調度，創造了不到一個月就完成清理廢墟的奇蹟！

第七章

奮戰國際　功在社稷

一、國際視野與國際行腳

江丙坤除擅長經濟發展規劃外，對經貿外交投入也很深入。民國八〇年代，台灣經濟急劇蛻變，工商百業轉型加速起飛，但外交局面卻十分艱困。

駐薩爾瓦多經濟參事劉志英則指出，政府積極推動經貿外交，以經貿做尖兵，維護我國際地位，並鞏固對外邦交關係。江丙坤時任經濟部長，責無旁貸負起重任，多次親率貿易團及投資團，風塵僕僕奔走於我國邦交重鎮的中、南美洲。劉志英數度參與追隨，由於行程緊湊，每到一國，立即拜會高層元首及舉行部長級雙邊會議，還要附帶宣慰僑胞、參訪台商投資事業，再加上當日事當日回報台北高層的原則，箇中辛勞非足為外人道。

許多不了解內情的人，以為拿公家錢出外考察，多為觀光旅遊、吃香喝辣，其實以自身經驗體會，每回隨江丙坤先生所率領的訪問團到中南美洲，總是千篇一律、大同小異地飽嚐「二場」與「二館」之苦（「二場」是：飛機場、會議場；「二館」是：旅館、飯館），從中美洲到南美洲，各國風光名勝都視而不見，無緣欣賞，牛排、龍蝦吃得也食不知味。

一九九四年，巴拿馬強人諾魯加將軍被屯駐運河區美軍逮捕，關進美國邁阿密監獄。巴拿馬社會從動盪不安轉趨平靜，政治回歸民主，舉行全國大選。新總統當選人巴雅達雷斯在就職之前，曾公開表示有意與中國大陸建立全面友好關係，台巴之間邦交頓受衝擊。劉志英奉派前往接任駐巴拿馬經濟參事。為維護台巴外交關係並協助台商在巴拿馬設立生產基地，以拓銷中美洲市場，遂在報奉外交、經濟二部同意核定後，積極籌劃辦理台巴合作開發運河歸還區內的大衛堡加工出口區，以協助巴拿馬經濟發展、鞏固台巴邦交。該案從規劃、設計、開發、到營運，真是千頭萬緒、百事待興。江丙坤時任經濟部長，大力支持推動，二年之內，三度親臨巴拿馬督導視察，解決問題、投入大量人力、技術和資源。

一九九六年，江丙坤代表我國與巴拿馬總統巴雅達雷斯共同為大衛堡加工出口區舉行動土典禮，儀式後即與巴總統及外交、工商等部會首長舉行密集會談，說明台巴邦誼重要及本案對雙邊經濟合作所能帶動的關聯效益和雙贏互惠成果，深獲巴總統認同讚賞。台巴外交關係隨之轉趨穩定，在巴雅達雷斯政府執政期間，再無與我斷交陰霾。

大衛堡加工區在巴拿馬運河北端，為大西洋出口、距巴拿馬市太平洋出口八十公里，為節省往返奔波時間，動工典禮時我代表團均搭乘巴拿馬軍方提供的直升機，這些直升機機齡老舊，駕駛人員一副吊兒郎當滿不在乎的樣子，令人在心裡不免嘀咕不安；更何況巴拿馬軍方飛機從不保養，飛到故障或失事才停飛，要搭乘確實有點忐忑。江丙坤卻是談笑自若欣然上機，大夥也就不再多想，跟著簇擁而上。快快樂樂登機、平平安安著地、順利完成使命。事後想想，真是福大命大，上天保佑！「江丙坤拚外交、愛台灣，是一步一腳印實際做出來的，不是口沫橫飛耍嘴皮說出來的」。

我國外交處境特殊，讓我們對外談判備感艱辛，箇中滋味，如非親身經歷，難以體會。前外交部經貿司司長劉榮座想起二十年前，江丙坤先生率領中南美訪問團，參加在邁阿密舉辦的加勒比海年會時之兩次會談。其一為加勒比海我邦交國之總理，總理體型魁梧，膚色黝黑，談話如連珠砲，左掃右射，如大軍壓鎮，步步進逼。江丙坤先生，臨陣不亂，不匆不忙，沉著應戰。從頭到尾，不說「NO」，但亦始終

▲江丙坤（右一）與巴拿馬總統簽署中巴合資協議，並舉行大衛堡工業區破土典禮（1996 年 6 月 5 日）。

不說「YES」，始終沉穩應對。無論如何，那是場辛苦的戰役。

另一對象為我邦交國之經濟部長，他迫切要求與江先生早餐會談。會談訂於早上八時，前十五分鐘我方團長、副團長、記錄與翻譯人員等皆準備就緒。然而，等到八時三十分未見對方蹤影，經劉榮座電話聯繫，他回覆會遲到十五分鐘。可是等到九時，仍未見他出現（開會地點就在這位部長下榻旅館一樓），劉榮座再去聯繫，這位經濟部長的回覆，更讓人訝異，表示當下宿醉頭痛，無法出席。此種情況，個人在中、南美工作多年的劉榮座，早已見怪不怪，但仍恐江丙坤先生怪罪，慶幸江丙坤非常體諒下屬，毫無責難。像他如此寬厚對待下屬的高官，在當時官場並不多見。

另有一次，江丙坤在非洲臨時被友邦元首要求開班授課。據前外貿協會秘書長高一心回憶說，那是一九九九年的事。當時江丙坤身任經建會主委，一月間率經訪團赴訪西非友邦。記得在晉見甘比亞總統賈梅時雙方晤談甚歡，不料賈梅總統突然要求江丙坤，次日在國際會議中心為該國政府財金及經貿百官「開班授課」，講述台灣創造經濟奇蹟的經驗和策略。

當夜，江丙坤幾乎徹夜未眠彙整資料，準備教材。次日賈梅總統果然親率百多位內閣首長及相關官員準時到場，聆聽江丙坤精闢的「課程」。授課完畢之後，江丙坤並一一回答賈梅總統以降多位「學員」所提出的各項問題。歷時三個鐘頭的課程，最後是在賈梅總統高度肯定和官員們熱烈的掌聲中圓滿落幕。回想起來，這不僅是當時經訪團訪問非洲邦交國（另一為塞內加爾）的過程中最光榮的成果，也因此更鞏固中（台）、甘兩國的邦誼。

二、蘇比克設立出口加工區

前亞東關係協會駐日副代表馬乾意，則講了一則當年任經濟部長的江丙坤被「綁架」的趣聞。他說，一九九三年仲夏之日，江部長第一次以部長身分應邀到馬尼拉開會。當華航的第一貴賓——江丙坤部長從機梯走下來時，有一位身著軍服的人士將江部長請上一部軍用吉普車，疾馳向機場另一頭，車行約三分鐘後，看到一架直升機正在待命中，江丙坤被引導走上直升機，用雙條安全帶緊緊綁在座位上，馬乾意隨侍在後，直升機發出不規則的震動聲，起飛了。

這是一架美軍在越戰時留下來的戰鬥直升機，機體兩側沒有門，有架設著兩挺機關槍，還有兩名士兵手指按著扳機，一直瞄視外面，嚴陣以待。第一次坐上這種直升機，馬乾意的心跟直升機的震動聲同步跳動，不知江部長當時的心情如何？他偷偷看了一下江丙坤，只見江部長瞄了一下機內外的情況，突然問了一句話：「為什麼要坐直升機？」馬乾意毫不思考地回答：「可能是坐直升機比較快到。」江部長沒有再問，就開始他一貫的閉目養神狀。馬乾意說：「此時此刻，江部長或許在想：『馬桑（江丙坤從任職國貿局長時，就稱呼馬乾意為『馬桑』）』又在搞甚麼鬼？但『馬桑』從不曾背叛過我，所以這次也隨他去搞吧！」

一九九〇年代，是我國高喊「南向政策」的年代，一九九二年，經濟部蕭萬長部長奉命來菲律賓考察投資環境，並選定在蘇比克設立出口加工區，此案後來因經濟部長換人而暫緩。馬乾意認為要在蘇比克設立出口加工區，必須有部長的充分支持及鼎力相助，始克有成，所以一直盼望江部長能前往蘇比克視察；乃因江部長新上任日理萬機，無空前往馬尼拉，遑論到遙遠的蘇比克。

直到有一天，獲悉江部長要來馬尼拉開會，馬乾意跟劉伯倫代表、蘇比克高登主席三人會商結果，決定採取非常方式，將江部長直接從馬尼拉國際機場送去蘇比克，讓江部長親自目睹蘇比克現狀及當地居民的渴望。時值菲律賓綁架案猖獗時期，遂有「綁架」經濟部江部長之計。

「戰鬥直升機飛過馬尼拉灣丘陵密林地帶，約半小時，抵達蘇比克機場，數千居民在炎熱陽光下搖著青天白日滿地紅國旗，熱烈歡迎江部長蒞臨，這時我才第一次看到江部長露出笑容。」馬乾意描述當時的情形。

高登主席陪著江丙坤，車隊浩浩蕩蕩駛往工業區預定地，高登主席使出渾身解數，鼓其三寸不爛之舌，大聲疾呼在蘇比克設立出口加工區的好處，但馬乾意發覺江部長又

▲江丙坤（中）參加蘇比克灣開發管理中心開幕典禮（1994 年 7 月 3 日）。

在閉目養神，遂偷偷告訴高登主席暫停說話，看看蘇比克還有沒有更新引人的地方。高登說：「射擊場如何？」馬乾意立刻回答：「好！」一行人便轉到了射擊練習場，高登問江部長會不會打靶？江部長睜開眼，回答說：「我當過兵，當然會打靶。」高登先送上一把手槍，江部長打了幾發；再換步槍，又打了幾發；再換自動步槍，再來是機關槍，打不停。最後江部長會心的說：「打靶很好，下次我要帶太太一起來。」馬乾意聽了這句話，內心高興得跳起來，「綁架」成功了！蘇比克工業區的開發指日可待啦！

從此之後，江部長在百忙中一年內四次親自帶團來蘇比克，蘇比克出口加工區也就建立起來了。而蘇比克出口加工區，日後也成為我國「南向政策」唯一的具體成就。當時要在蘇比克設立出口加工區是一項高難度的挑戰，但是江丙坤來了、看了，更做到了！

三、越南和巴拉圭關係的突破與發展

此外，我國和越南關係的突破與發展，江丙坤也出力甚多。前駐越南代表處代表黃南輝說，一九九〇年他個人自澳大利亞奉調返國，派在經濟部海外經濟合作發展基金管理委員會（海合會）工作，當時負責督導海合會業務的執行秘書係由擔任經濟部次長的江丙坤兼任，故有較多機會向江丙坤報告，並親聆江丙坤的指示與教導，從中學習甚多。

當時，國內工資上漲、土地價格狂飆，且依規定：外勞在台灣的工資亦須適用我國基本工資；國內廠商如僱用外勞，須與僱用國人一樣，支付的薪資不得低於我國的基本工資。國內廠商為了降低人事成本、提升競爭力，只好將工廠搬往工資較低的國家，特別是距離台灣不太遠的東南亞國家發展。有台商因此戲稱：「山不來，我只好向山走過去。」不過，這一走過去，人地生疏，可苦了在海外奮鬥的這些台商。

台商前往海外投資，大多選擇與我關係維持不錯、我國在當地設有辦事處的國家。不過，也有台商選擇與我距離較近，人民風俗習慣亦與我較相同的越南投資；而當時的越南尚在美國禁運限制下，我國在越南沒有任何辦事處可協助台商。

眾所周知，經濟部掌管的業務眾多，有人描述，甚多國家二、三個以上的部會加總在一起，其業務都還不如我國的一個經濟部，可見當時經濟部次長的工作有多麼繁重。儘管如此，當時兼任海合會執行秘書的江丙坤仍全力以赴，指導同仁積極研究，如何善用海合會功能，為我國的對外關係營造新局，又能協助海外的台商。經過多方的努力，在海合會的技術協助與貸款運用得當之下，我國終於在一九九二年底在越南設立了辦事處，而且一設即設了二處：在越南北部河內市設立代表處，在越南南部胡志明市設立辦事處。

除了協助設處就近幫忙台商之外，江丙坤更以次長身分多次率團前往越南，實地了解台商在越南所面臨的問題，並與越南官員開會協商，代為解決台商所面臨的問題。一九九二年前後的越南，道路顛簸不平，生活條件不佳，但江丙坤仍不辭勞苦風塵僕僕，四處奔走拜訪台商，舟車勞累，樂此不疲。而這種專往艱苦地區探訪台商、實地了解台商的活動，是年年舉辦，事後又要追蹤考核，充分體會江丙坤認真做事的一貫風格。

另外，在南美巴拉圭，據前駐巴拉圭大使劉廷祖說，他於一九九四年奉調出使巴拉圭，當時中、巴邦交情勢緊張，我國必須透過經濟合作鞏固邦誼。時任經濟部長的江丙坤對此一策略體驗至深，故對每年舉辦的「中巴經濟合作會議」必抽空親

▶江丙坤（右三）赴菲律賓參加 APEC 部長級會議（1996 年 11 月 22 日）。

▲江丙坤（右五）率立委訪問團訪問胡志明市，於會議中致詞（2002 年 6 月 26 日）。

自率團參加，並對各項合作方案認真討論，一旦雙方協議，必囑主管單位全力推動，使巴國政府認為中華民國政府確有誠意。巴國總統 Juan Carlos Wasmosy 先生來自企業界，對經濟事務不僅列為重點政策，且本身亦具專業，故目睹我政府推動雙方經濟合作之熱誠，至為肯定。再加以我政府在其他方面與巴方合作亦不遺餘力，巴總統乃逐漸改變其原來棄我投共之意向，全力與我加強關係。

此間諸多合作方案中，特別值得一提的是支持我廠商在巴拉圭與巴西之邊境地區建立加工出口區，以供應我出口業者前往設廠，俾利用當時甫成立的南美共同市場（亦稱為南錐共同市場）外銷巴西、阿根廷、烏拉圭等會員國。

此為一項利人利己之雙贏計畫，案經中、巴雙方經濟合作會議協議，並於巴總統訪華時由雙方經濟部長及工商部長簽訂合作協議書。江丙坤部長自始即認為此案在政策上正確，指示經濟部海外合作主管單位全力配合支持。其協助廠商拓展外銷之遠見與魄力，及配合政府的外交單位加強對外關係之誠意，劉廷祖表示衷心欽佩。

四、率團參加經濟合作發展組織（ＯＥＣＤ）

ＯＥＣＤ（經濟合作發展組織）和我國的第一次接觸，也讓江丙坤大顯身手。據經濟部參事徐純芳說，她第一次與江先生有正式的業務接觸，那是ＯＥＣＤ第一次邀請我國、南韓、香港、新加坡及泰國（觀察員身分），參加ＯＥＣＤ與亞洲新興工業國家（NICS／NIES）對話的案子，而對江先生之行事作風有了較為貼切的觀察。

由於那次對話，對台灣參與國際經貿組織活動而言，可是破題第一招，又是這個被稱為「富人俱樂部」的ＯＥＣＤ做出的邀請，我們雖然被要求一切低調，承辦的科裡還是雀躍不止；因緣際會，徐純芳被指定為業務承辦人，感覺不只是興奮而已。由於ＯＥＣＤ邀請的對象包括產、官、學界，嗣經指派，產業界由中國信託董事長辜濂松及亞洲化學公司董事長衣治凡代表，官方代表則由江丙坤以及當時外交部國際組織司司長吳子丹擔任，至於學術界則邀請當時台灣兩大學術研究團體，中華經濟研究院副院長侯繼明博士和台灣經濟研究院董事長劉泰英博士擔任，江丙坤並被指定為團長。

首次團務會議，見識江丙坤的務實作風；會中當時這些國內一時之選齊聚貿易局局長會議室，江丙坤就主席位後，二話不說就問誰對全案細節最清楚，組長、科長自然往徐純芳一指，後面的會議就由承辦人與參加會議的代表間直接對話，而將未來參加會議該處理的細節一一釐清，會議對話直接且有效。第一次參加這種會議，大家的經驗都很欠缺，資料的準備更是沒有頭緒，所以抱着資料愈多愈好的想法，就整整搞了一大本，衣治凡董事長還自告奮勇代為裝訂成冊，漂漂亮亮的上飛機前交給團長，請他搭機時閱讀。現在想起來，當時的處理方式還真有點欺負江團長。徐純芳這位隨團秘書跟著團到了巴黎，進了旅館江團長就找她了，當下，徐純芳心中多少有點忐忑。

江團長首先講到，這次會議若是OECD會員都派員參加，就有二十四個代表，加上NIES的代表，在會場可以發言的人至少三十人，每一主題預定三小時就是一百八十分鐘，若每人都發言，每席只有六分鐘，你們準備的資料難以抓住我們台灣在這個場合應訴求之重點。

江丙坤接著指出，台灣當前之國際經貿處境，ＯＥＣＤ之所以邀請我們參與對話，應該是像利用同儕間之對話，形成國際社會壓力，要台灣多對國際善盡一些義務；可以想見，美、歐等先進國家最重視的，應是台灣市場開放的程度不夠、智慧財產權保護不周等問題，所以應該針對他們可能的提問及議題，準備回應資料啊！

由於徐純芳甫調回國內，對國內政經情況不甚了解，加上在巴黎的團務工作確實也忙不過來，所以前述的回應資料就依江丙坤的指示，由在國內待命的魏可銘科長捉刀了。由這次會議之經驗，江丙坤讓徐純芳體認了參與國際經貿會議的精髓，參與會議前的考前猜題與情境之模擬，居然是如此重要！這對徐純芳以後參加各項國際經貿會議的準備工作上，都給了很大的啟發，這也是徐純芳要謝謝江丙坤的地方。

五、出席亞太經濟合作組織（ＡＰＥＣ）

我國自退出聯合國以後，能以官方身分參加的國際組織不多，其中最重要者當屬亞太經濟合作組織（ＡＰＥＣ），每年舉辦經濟合作部長級會議及領袖高峰會議。當年我國為爭取加入，在美國、日本、澳洲等國斡旋之下，同意不派外長而只派經濟領域的部長出席部長級會議，後我又對倡議舉辦領袖高峰會議的美國承諾只派領袖代表參加高峰會議。因為這種ＡＰＥＣ體系內的特殊諒解，江丙坤在經濟部長及經建會主委任內，五次出席部長級年會，另兩度代表李登輝總統出席領袖高峰會議。

據前駐菲律賓等國代表詹憲卿回憶說，一九九六年，ＡＰＥＣ第八屆年會在菲律賓舉行，我領袖代表為辜振甫先生，部長級會議代表為經建會江丙坤主委及經濟部王志剛部長。詹憲卿當時擔任駐菲律賓代表，有機會接待代表團，並全程參與年會活動。

江丙坤主委在這屆年會中，全程扮演團長角色，所有與其他國家的雙邊會議，均由江主委上陣。另外，依照ＡＰＥＣ慣例，年會閉幕後均舉行大型的國際記者會，各國均由外長與經濟部長出席，這年的記者會中，江丙坤主委與大陸錢其琛外長的爭鋒，成為記者會的高潮。

詹憲卿當時在現場見識到這一幕實景。我國記者群相當活躍，年輕、外語又好，幾乎佔據所有記者發問的麥克風，一連發問要江主委作答。當記者問到李登輝總統為何不能參加時，江主委不疾不徐答覆：「李總統是農經博士，既是農業專家，也是經濟專家，他未能出席是ＡＰＥＣ的損失。」錢其琛聽得不順耳，在我國記者問到中小企業問題時插話搶答說：「台灣不是主權國家，所以李登輝不能參加。」接著江主委從容地說：「剛才有人替我答覆，但答非所問，所以我要自己說明。」江主委的風度與機智，明顯贏得在場部長同僚的好感與尊敬。

前台灣證券交易所董事長薛琦，當年與江丙坤有重要的ＡＰＥＣ共事經驗，即是在一九九三年十一月，隨蕭萬長主委出席首屆ＡＰＥＣ領袖會議。一九九三年，柯林頓剛上台，諸多內政尚待開展，而美國的經濟狀況並不好，柯林頓自然想在外交上有所作為。當年ＡＰＥＣ活動正好由美國主辦，循例，每年ＡＰＥＣ部長會議是重頭戲，於是重上加重，何不在部長會議之後，再來個領袖會議？ＡＰＥＣ非正式經濟領袖會議於焉誕生，而且持續至今。

ＡＰＥＣ是台灣當時唯一正式參與，除名稱及領袖會議由代表參加外，享受完整會員身分的國際組織。在那樣的場合，兩岸間的互動備受關注。不論在我方舉行的記者會，或大會會後的記者會，兩岸關係一直是個熱門話題。在我方會後舉辦的記者會上，蕭領袖代表、江部長一起接受訪問。問到兩岸關係時，江丙坤部長口中

▲江丙坤（左二）赴馬來西亞參加 APEC 領袖會議（1998 年 11 月）。

▲江丙坤（右三）與辜振甫先生（中）參加 APEC 經濟領袖會議，返國召開記者會（1995 年）。

▲江丙坤（左三）赴紐西蘭參加 APEC 領袖會議（1999 年）。

▲江丙坤與多國領袖同在 APEC 領袖會議中留下簽名（1999 年）。

一字一字清楚說出：「以一個中國為指向的階段性兩個中國目標」。這是一句很有哲理的話，與後來的「九二共識」有神合之處，它的意義自會由歷史來驗證。

前陸委會主委賴幸媛指出，在兩岸兩會中斷協商的年代，江丙坤於一九九八年及一九九九年，連續兩年榮膺APEC領袖代表，出席APEC領袖高峰會議，並與大陸領導人江澤民主席會晤，在這個區域經貿場域上，兩岸代表的一舉一動為國內外媒體高度關注，江丙坤進退有據，不只與江澤民相處得宜，也憑藉著他的英文、日文能力和美國副總統高爾、日本首相小淵、韓國大統領金大中應對熱絡。江丙坤的兩次APEC領袖會議經驗，凸顯了兩岸因素始終是台灣積極與國際接軌的過程中，無可迴避的挑戰。

六、加入關稅暨貿易總協定（GATT）

江丙坤在國際貿易局期間，應該是我國參與國際經貿組織各項活動建構基礎建設的時代，那時候我國正在推動加入關稅暨貿易總協定（GATT）、亞太經合會議（APEC）及與OECD的相關對話等國際經貿事務，應該是我國在國際經貿舞台嶄露頭角的好機會。國際貿易局全體同仁都感榮幸能參與其事，但不可否認的是，這些參與活動在經濟部甚至行政院都是創舉，沒有前例、只有目標，如何做好，真不是一般人能夠想像的，特別是加入ＧＡＴＴ。

據前經濟部長陳瑞隆回憶，一九九一年五月間，時任經濟部政務次長的江丙坤率領訪問團前往東歐各國拓展經貿關係，途中，俄羅斯因政治因素突然決定不讓江丙坤入境，事已至此，江丙坤原本大可利用此一空檔，拋開公務，選擇在風光明媚、景色宜人的愛琴海或地中海沿岸度假勝地稍事休息，好整以暇等待銜接下一段行程；然而，江丙坤卻決定立刻轉往瑞士，協助推動當時正如火如荼展開的我國加入關貿總協定（ＧＡＴＴ）遊說工作。

我國在一九九〇年元月正式遞交入會申請後，推動工作隨即陷入困局，各國大多採取觀望態度，幾無任何進展可言。當時陳瑞隆正好在日內瓦服務，長官親自披掛上陣，深覺有如天助，特別利用江丙坤來訪難得機會，密集安排拜會包括南斯拉夫在內的幾個非常重要第三世界國家派駐日內瓦的代表團團長，尋求渠等對我國入會案之支持。

鑒於關貿總協定總理事會在審理各國入會案時，係以共識決為基礎；而我國長久以來跟這些國家關係非常疏遠，亦未互設代表辦事處，因此江丙坤親自拜訪請託會員國支持，對促成這些國家後來在一九九二年九月關貿總協定總理事會中，決定加入支持我國入會案的共識決，發揮了關鍵影響力。江丙坤任事之積極，以及對經貿外交的重視與努力，由此可見一斑。

由於加入GATT是一個需要全民總動員的工作，相關部會都應該動起來，該修法的修法，該面對市場開放壓力就該面對，經濟部沒有權限對各部會強行其事。因此在江丙坤之規劃下，我政府成立了「我國加入關稅暨貿易總協定專案小組」及「我國加入關稅暨貿易總協定策略小組」，讓各部會司處長級及部次長級的官員都能參與這項工作，雖然這個架構在實際運作後有了某種程度的調整，但終究還在原來設計之架構下處理。

關稅暨貿易總協定在一九九四年烏拉圭回合談判後因世界貿易組織（WTO）之成立而變成了旗下一項協定，我國也在二〇〇二年正式成為WTO的會員，但對所有參與其事的同仁而言，當時的架構設計應功不可滅，這也要感謝江丙坤「及時

▲與菲律賓在APEC領袖會議舉行雙邊會談（1998年11月）。

▲江丙坤代表我國參加APEC領袖會議（1998年11月）。

◀江丙坤與主辦國馬來西亞的馬哈迪總理合影（1998年11月）。

▶參加APEC領袖會議，與印尼哈比比總統舉行雙邊會談（1998年11月）。

雨式」的組織能力。

「拚命三郎」是各界給江丙坤的另一個封號。經濟部參事徐純芳在一次陪伴江丙坤參與我國加入GATT之事前遊說工作時，有了極為深刻的體驗。那次遊說總共只去了兩個地方，一是日內瓦，一是倫敦。為了籲請各國支持我國入會，那次在日內瓦透過當時遠東貿易服務中心駐蘇黎士辦事處主任陳瑞隆之安排，從一下飛機，就前後與十四個國家駐日內瓦代表團的大使們見面；說實話，連調整時差的時間都沒有，就開始工作了。

到了倫敦更慘，他們訂的旅館一間一晚要價二百五十英鎊，卻只使用了六小時不到，第二天拜會結束後，就直奔機場搭機返國。即便當時的徐純芳還年輕，經得起操，卻也感覺將近陣亡邊緣，一上飛機，還沒等到飛機起飛，她就睡著了，一直到香港都沒醒過。才抵達香港，江丙坤就神采奕奕地抓著徐純芳問：「報告呢？」徐純芳只好老實回答說：「太累了，我在飛機上睡著了，您何時要？今晚回去趕寫出來。」江丙坤沒有任何責怪，只說：「辛苦了，確實太累了，明天早上八點放在我辦公桌上。」徐純芳聽了，心裡嘟囔：「今天晚上又沒了。」果然，當天她寫到凌晨三點才休息，真是個難忘的經驗。

七、成為世界貿易組織（WTO）會員

而江丙坤為了促成我國加入相關國際組織，也費盡心思做巧妙安排。前經濟部長陳履安記得，當年和江丙坤在經濟部共事時，江丙坤透過駐瑞士陳瑞隆主任曾安排一場「高空巧遇會談」。

陳履安說，世界貿易組織（WTO）的前身是關稅暨貿易總協定（GATT），我們必須在一九八九年底送申請書，但不能確定GATT是否接受我方申請，如送件不被接受，則後果頗為嚴重。又依GATT規定，秘書長不可和我方官員晤面。

於一九八九年秋，江丙坤接受駐蘇黎世陳瑞隆主任的建議，開始精心設計安排陳履安部長與GATT秘書長Arthur Dunkel（鄧肯）會談。陳履安描述當時的狀況：「當得知GATT秘書長將赴韓日訪問，經洽商後，我們立刻也安排去韓、日訪問，並且在漢城飛東京頭等艙中，讓我和Arthur Dunkel（鄧肯）『恰巧』坐一起，經一個多小時的交流，達成了相當的默契，故於年底在仍有風險的情況下，決定將申請

書送瑞士日內瓦GATT，有驚無險，終被接受，多年後，我國才得以成為WTO的會員。」

加入WTO是一段漫長辛苦的談判。我國從一九九〇年一月一日以「台、澎、金、馬關稅領域」名稱向關稅暨貿易總協定（GATT）提出入會申請，GATT理事會於一九九二年九月受理，並成立入會工作小組審理我入會案，此後有二十六個締約成員對我提出減讓之要求，於是展開我國艱辛的雙邊諮商，一直到一九九八年二月二十日，我與美國結束雙邊諮商後，我國與二十六個會員進行之農業雙邊諮商全部完成；入會工作小組亦歷經十一次正式工作小組會議及三次非正式會議，於二〇〇一年九月二十日，完成我入會工作小組報告之審查及採認。我國入會程序花了十二年，終於在二〇〇二年一月一日，正式成為WTO第一百四十四個會員國。

行政院農業委員會主委陳武雄回憶說，一九九二年，他在農委會擔任企劃處長，適逢我國申請加入GATT案開始進入各項產業的實質談判，當時經濟部成立專案小組，由當時的次長江丙坤博士擔任召集人，並由各部會派代表參加，各部會的代表大都沒有太多的國際談判經驗，很多是臨陣磨槍，陳武雄說自己就是其中之一；

但還好在江次長的領導，以及代表團團長許柯生次長的帶領之下，能夠順利完成任務，所爭取的談判結果與其他會員國相比，也算不錯。

「儘速完成談判，早日加入ＷＴＯ」，是當時政府的最高決策，各部會多卯足了勁全力以赴。我國的農產貿易措施本來就有很多違反ＷＴＯ規範，因此後續的談判讓步是不可避免的，只能爭取少讓一點，少輸為贏。

我國當時所訂定的農業部門談判定位是依經濟發展程度，農產品談判減讓水準介於日韓之間，並力保關鍵性產品稻米、牛乳、雞肉、雜碎、花生等社會政治敏感性較高的產品，希望不要減讓太多，以避免對產業衝擊過大。

這些大原則看似容易，但卻得來不易，也靠我國整體力量的發揮才能完成，例如與菲律賓的雙邊談判，當時我國極希望雙邊諮商有進展，因此特別安排陳武雄由日內瓦回程中到菲律賓進行雙邊諮商。談判剛開始並不順利，暫停了兩次，由於當時菲國正進行蘇比克灣的開發，江部長主導帶領台灣廠商去投資，他與菲國的工商部長非常熟，在會議暫停休息時間，陳武雄特別與國內聯繫，請江部長與對方部長聯絡，結果此舉相當有效，順利於當天晚上八點多完成談判，結束了與菲律賓的雙邊諮商。

牛肉關稅減讓議題，因涉及美、加、紐、澳等國不同的利益，我國被挾在中間，非常難談。時任經建會主委的江丙坤為了協助農委會，還特別邀宴了所有台灣的牛肉進口商，由陳武雄向他們說明我方的立場，拜託進口商去和出口國家的出口商溝通。這麼體貼的安排，讓人非常感動。在談判過程中，代表團常安排早、午、晚餐，來與他國代表聚餐，一方面建立關係，一方面交換意見，這些對於談判均有所幫助，有時可獲致意料之外的結果。

有一次，由日內瓦返國，經濟部特別安排代表團在泰國停留一晚，安排與泰方餐敘，在餐宴中我乘機詢問何種產品對泰國最為關鍵？對方透露「樹薯」為重要的產品，因為泰國某部長的家鄉為樹薯主要產區。由於水土保持考慮，我國不鼓勵樹薯生產，開放對我國並無太大影響，因而在與泰國下回合談判時，我方承諾大幅降低樹薯關稅，之後對方也在米製品等相關議題給予友善的回應。

經過漫長的談判、耐心的折衝，我國終於加入了WTO，而談判結果還不算太差：關稅與自由化程度介於日韓之間，適用關稅配額及特別救助條款的項目也比大陸多。農產品關稅加入ＷＴＯ後，第一年稅率降至一五·二%，並分年調降至一二·九%，此稅率介於日本平均稅率一〇·三%與韓國平均稅率一五·八%之間。原有稻米、糖、花生等四十一種管制進口或限地區進口之產品，入會後除稻米將採限量進口之特殊處理方式外，其餘二十二項產品採取關稅配額，十八項產品於入會後開放自由進口。同時也爭取到花生、東方梨、大蒜、雞肉等十四項敏感農產品，可採行特別防衛措施。

加入ＷＴＯ為我國之重大國政，陳武雄認為自己躬逢其時，能參與入會的談判，實在是難得的因緣，特別在指揮大軍不忘支援糧草的江丙坤領導與協助下，歷經上百場的折衝協商，而能順利完成任務，展現了團隊精神，這是非常重要的體驗。

第八章

調和鼎鼐　無私奉獻

一、擔任立法院副院長

二○○二年二月，江丙坤時任國家政策研究基金會執行長，經國民黨提名為不分區委員，參與立法院副院長選舉勝出，具有準民意基礎。前立法院經濟委員會專門委員邱政宗說，以江丙坤之資望，具有國際經濟視野，擔任立法院副院長，輔佐院長，可謂天衣無縫，相得益彰。如所周知，江丙坤原係二○○○年三月總統大選時，呼聲甚高的閣揆人選之一。依一般推測，若當時未發生政黨輪替，江丙坤更上層樓，繼續從事行政工作，應當更能抒展長才；轉換跑道到立法部門，或許確實並未在他事先所做生涯規劃之列。

院長、副院長同時具有立法委員身分，依例參加某一特定委員會。江副院長雖參加外交委員會，仍時常心繫國家之經濟發展。二○○二年十一月初，邱政宗由法制局副局長調任經濟委員會專門委員，與委員接觸機會增多。在會期期間，江副院長於每星期一、三、四須到外交委員會簽到或開會，在群賢樓後電梯常有機會遇見；江副院長常詢問經濟法案立法進度有關問題，溫馨且平易近人。至於立法院院會，則於每星期二、五召開，副院長亦經常需要主持會議。

二〇〇八年九月，國際間發生金融風暴，造成國內不景氣及嚴重失業問題，其實，此種情形在二〇〇二年至二〇〇三年間亦曾發生，當時立法院曾通過「公共服務擴大就業暫行條例」（二〇〇三年一月）、「擴大公共建設振興經濟暫行條例」（二〇〇三年五月），以及「擴大公共建設投資特別條例」（二〇〇四年三月），後者旨在賦予當時國家發展重點計畫之法源基礎。

最值一提的是，二〇〇四年五月間，配合該投資特別條例之實施，行政院提出十項重大建設計畫，諸如：北中南捷運、數位科技、桃園航空城、嘉義故宮南館、高雄熱門流行音樂中心，乃至為提升學術研究水準，禮聘享有國際盛譽之大師級人物，來台擔任著名大學或研究所之客座或講座教授等等，均需要政府編列龐大預算支應。該案在院會審議階段，江丙坤副院長受院長之託，先做過濾，召集相關部會首長，審慎檢討其可行性及預算配置，經黨團協商後定案。在硬體建設外，也強化國家之軟實力，有助於推動國家邁向現代化。

江副院長歷任黨政各項要職，歷經之重要事蹟甚多，以上所舉，不過在立法院

▲江丙坤（右）擔任立法院副院長，調和鼎鼐（2002～2004 年）。

▲江丙坤在擔任立法院副院長時期，多次舉辦講座（2002 年）。

服務二屆共六年期間之鱗爪或歷史片段之倒帶而已。邱政宗說，此段時間，他適亦在立法院服務，所以能夠略知一二。他認為江丙坤一路走來始終如一，對於國家之貢獻與付出，大家有目共睹，將載入史冊，而不可磨滅；後來擔任海基會董事長，亦係一項任重道遠之任務，可謂由國際走向兩岸之具體寫照。

江丙坤在立法院的表現，立法院長王金平知之甚詳。二〇〇二年二月一日，王金平當選為第五屆立法院院長，同一天，江丙坤也當選為第五屆立法院副院長。王金平說：「從二〇〇二年二月起到二〇〇五年一月卅一日止，總共三年整的時間中，金平有幸和丙坤兄攜手在國會中奮戰。能夠得到丙坤兄的輔佐和協助，金平至表感謝。回憶前塵，感念不已。」

王金平認為，江丙坤在行政系統擔任政務官服務時，即享有「拚命三郎」的封號，他勇於任事、負責到底的熱忱，向來是歷任行政院長最為倚重的內閣成員，也是所有公務人員的典範和榜樣。

但是就江丙坤三年立法院副院長的貢獻和表現，王金平親眼所見，認為其「拚命三郎」的封號，尚不足以概括其表現。江丙坤進入立法院後，迅速融入特殊的國會文化之中，在議事主持和法案政策協調工作上，尤其貢獻良多，王金平要特別為江丙坤記上這一筆。

即二〇〇四年六月底，立法院院會通過「擴大公共建設投資特別條例草案」，這是陳水扁總統前四年任期中最重大的法案之一，當時立法院朝野對立相當嚴重，藍綠對峙的政治氣氛高張，凡帶有一點點政治味的法案幾乎都毫無機會。然而，基於人民的福祉高於政黨利益的原則，國家機器不能停下來的立場，王金平特別拜託江丙坤，勉為其難出面負責這部法案的朝野協商工作。

江丙坤出面調和鼎鼐，以無比的耐性和毅力投入工作，經過無數次的座談、折衝和協調，江丙坤秉持了「最小的變動」、「中性」、「整合」及「雙贏」的四大原則，終於排除萬難，整合出讓行政和立法都能點頭、朝野政黨都能接受的共同版本，讓法案順利三讀立法。王金平說，江丙坤功在國會、功在國家，成就不可磨滅。

另一件功不可沒的案例，是「中央行政機關組織基準法」的立法工作。王金平說，今天行政院的組織調整和改革工程可以一步步順利上路，江丙坤主導的基準法三讀過程，是一切改革的起點，也是最重要的基礎。江丙坤以過去豐富的行政和學術實務，讓行政機關總量管制和行政法人這兩大觀念，融入到整部法案之中，尤其是國家行政革新的一大進步。

另外，在前行政院副院長邱正雄眼中，江丙坤一直關心台灣經濟發展的未來；生於農村的江丙坤，深刻見證過台灣經濟由農村繁榮起步，他長久以來直接參與經濟政務，引導台灣經濟步入電子、通訊業的成功轉型，也看到台灣進入高所得經濟體；但在過去十年間，面對未來國際激烈的技術、市場競爭，他時時在憂心台灣未來經濟發展前途，無時不以提升台灣競爭力為念。

為此，他一直重視促進台灣經濟發展、兩岸貿易市場與科技競爭力結合的關鍵重要性，因此他在立法院副院長任內，對當時政府廢止核四等不利台灣經濟發展的政策批評，及致力推動「兩岸三通」議案，而在當時能成為立法院眾所敬重的財經政策的中流砥柱。

而日後，江丙坤也在海基會董事長任內，致力於推動海峽兩岸共同制定資訊業的產業標準，以期一方面降低兩岸企業交流成本，另一方面開發兩岸科技、市場合作潛力，為海峽兩岸之產業合作奠定長久發展基礎，此點實在令人敬佩。邱正雄相信，台灣經濟及兩岸經濟合作在江丙坤的推動下，必有燦爛的明天。

江丙坤在立法院期間，還有一段插曲，涉及前立法院副院長饒穎奇和江丙坤之間的事情。據饒穎奇指出，那就是二〇〇一年年底的第五屆立法委員選舉，民進黨獲得大勝，取得了八十七席，而國民黨才獲得六十八席，另親民黨則為四十六席，所以必須泛藍合作，才能取得國會主導權；因而立法院正副龍頭之爭，就成了國、親兩黨拉鋸的籌碼。原本擔任副院長而且連任呼聲很高的饒穎奇認為，因為「凍省」的緣故，他自己或許得罪了宋楚瑜先生，被宋楚瑜以「一石二鳥」、「權謀算計」，「公報私仇」的方式，把原為「國、親配」變成了「國、國配」，硬把饒穎奇拉下，提名江丙坤擔任副院長。

饒穎奇說：「雖然我對宋楚瑜先生的作為頗為不滿，但忠黨愛國，一直是我的堅持，所以我仍然犧牲小我，為丙坤仁兄拉票，並安撫原本支持我的同仁轉而支持丙坤仁兄，因為我一直覺得丙坤仁兄是黨國的人才，而且以我們之間交往深厚的情誼，豈能為宋楚瑜先生與我私人的恩怨而有所動搖？果然不出所料，丙坤仁兄以高票當選立法院副院長，我去向他道賀，兩個人緊握雙手，眼神之中，相知相惜，真情流露，難以言表。」

而江丙坤在立法院期間，對於行政部門的幫忙很多，譬如，經濟部礦務局局長朱明昭回顧說，二〇〇七年三月一日，中國大陸公告禁止天然砂出口，由於國內依賴大陸砂石高達百分之二十五以上，突然減少了該項來源，造成國內砂石供需失衡，各項工程普遍面臨停工待料危機。當時大陸雖有意經由兩岸協商後，恢復對台灣限量出口，但由於二〇〇五年三月大陸通過「反分裂國家法」，兩岸政治處於緊張狀態，砂石協商一直停滯不前。

為期早日解決前項困境，朱明昭就藉著「雅樂合唱團」眷屬的名義，勇敢地求助於時任立法院副院長的江丙坤，江丙坤在了解問題癥結及困難點之後，於率團赴大陸參訪時，也協助與大陸溝通，並透過立法委員許舒博的積極接洽，大陸終於片面公告，對台恢復天然砂出口。

二、規劃籌組國民黨智庫

二〇〇〇年總統大選，國民黨敗選，國內第一次政權輪替；江丙坤隨即受國民黨連主席之命，為國民黨規劃籌組「財團法人國家政策研究基金會」，並出任副董事長兼執行長。至二〇〇三年三月二十日，江丙坤獲國民黨主席連戰提名，出任國民黨副主席。

當時擔任國民黨主席的連戰說，江丙坤卸下官職後，仍時時以提升國家競爭力為己任。二〇〇〇年江丙坤以兩個月不到的時間，籌組完成財團法人國家政策研究基金會，負責政策規劃、人才培訓，並扮演在野黨監督政府的角色，連戰也沒想過會這麼快，也確實領教了江丙坤「拚命三郎」的工作態度。

南投縣政府同事、前國家政策研究基金會顧問江慶驫說，二〇〇〇年，政黨輪替，國民黨下野。六月間，江丙坤先生奉國民黨連戰主席指示，負責籌辦國家政策研究基金會——即國民黨智庫，江丙坤即積極籌備，在短短一個多月間，即在八月一日成立國家政策研究基金會，並擔任副董事長兼執行長。

新單位甫成立，需要一些人力，乃通知江慶驫到智庫擔任顧問，協辦文牘及核稿工作。回想四十幾年前的老同事又能在一起工作，江慶驫心情格外愉快；他認為江丙坤先生思慮周密，待人親切，以身作則，很快就帶動智庫的研究風氣，有關國家政策的研究成果都不斷在報章發表，氣象蓬勃。

二〇〇二年二月，江丙坤驚險中當選為立法院副院長，仍兼智庫副董事長，江慶纛也跟隨到立法院副院長辦公室工作。直到二〇〇八年一月，兩屆立委任期屆滿，江慶纛才結束了公職生涯，真正退休。

二〇〇三年，江丙坤出任國民黨副主席，即擔任智庫與立法院國民黨黨團間之橋樑，協調黨團各委員會與智庫有關研究小組不斷研討，多方交換意見，獲得結論，作為國民黨對國家政策的建議或對立法院的法案、議案的審查意見，提高立法品質，實現國民黨政策。其中值得一提的是，「行政院組織精簡方案」係由江丙坤從日本帶回日本內閣組織精簡方案做藍本，由江丙坤協商立法院國民黨黨團與智庫有關研究小組共同研討，不斷討論後，做成結論，提出我國「中央行政組織基準法」，在民進黨執政時期經立法院通過，確屬難能可貴。現在行政院所採納精簡組織方案，可以說完全採用江丙坤先生所主導研訂出來的方案。

前國家政策研究基金會副執行長蔣家興回顧，二〇〇〇年總統大選後第一次政權輪替。江丙坤受命為國民黨規劃成立學術性智庫——國家政策研究基金會，他出任副董事長兼第一任執行長（連戰主席是董事長），厚植了國民黨政策論述的理論基礎。蔣家興始終很感念江丙坤提攜他擔任副執行長，跟隨他建立此智庫，跟江先生做事很愉快、有效率。他凡事高瞻遠矚，從大處著眼，思慮縝密，井然有序，好像有一高明的電腦程式在腦中，大小事情事前都全面想到了；交代事情提綱挈領，清楚明白，同仁們容易做事；他又是做事認真、仔細、踏實，待人誠懇、寬容、重情義，同仁樂於努力工作。

蔣家興記得，智庫在短短幾個月內順利完成籌設，即建立了很棒的硬體和軟體設施，同仁們皆稱頌江丙坤領導有方。他從一開始就以建立第一流的智庫為目標，以世界著名的智庫，如：AEI、The Heritage Foundation、The Brookings Institution……等作為榜樣。蔣家興另記得，有一件小事，卻是可敬的作為；在開幕酒會時，智庫請各個黨派主席、要人和學界的菁英來參加，有意表明這是為國家社會福祉而設立的開放性智庫，請大家協力支持其發展為國家的珍寶智庫。

國內政黨彼此關係惡劣其來有自，江先生有寬大的胸襟，自早體認國家要有安定發展，先要各個政黨都能和諧為國為民謀求福祉，他讓不同政黨知道此國家政策研究基金會是一個開放性的全民智庫，它的使命不只為國民黨政策立論，更為國家長治久安建立良能良策。

二〇〇一年，政府召開「國家經濟發展諮詢委員會議」，有人認為這是民進黨政府的事，參加即可，不必太認真；江丙坤則不然，他認為這是國家經濟發展的大事，不分黨派，都要協同促其成功召開，以改善當時惡劣的經濟情況；從會議一開始籌備到大會，他要求智庫提供了許多積極的建設性意見，讓會議順利進行，圓滿召開，國民黨的合作態度是關鍵所在，智庫有無私的貢獻。

江丙坤後來出任立法院副院長，也一直為不同政黨的合作、和諧共處不斷做努力，曾經感嘆不容易，但是他仍然不懈怠努力去促進和諧、合作。江丙坤有為生民立命、為國家開太平的開闊識見懷抱，真正體認並實踐「愛其所同，敬其所異」，則和平成功在其中矣。

中國信託商銀副董事長兼台灣彩券公司董事長薛香川，當年也曾加入國民黨智庫，即國家政策研究基金會，當科技經濟組的召集人。這可以說是薛香川第一次和「江副」（直到現在薛香川還是習慣這樣稱呼江丙坤，因為江丙坤後來擔任立法院副院長及國民黨副主席）一起工作的經驗，也才真正體會到為什麼人們稱他為「拚命三郎」，也才體會到他的和藹可親、沒有架子及很照顧下屬的種種特質。

印象最深刻的是為了打二〇〇四年的大選選戰，「江副」又發揮那「捲起袖子親自做」的本能，從二〇〇三年初就開始帶著智庫各組召集人一起撰寫連、宋的「政策白皮書」。江副的做法是：自己先擬定總體的、宏觀的大策略，各組再接著往下面寫各領域的重要政策。江副寫的標題是：「二〇〇四人民幸福工程政策白皮書——終結痛苦、重拾幸福」。

他親自把內容用簡報方式寫出來，簡潔有力，一看就清楚而且很有說服力。這種功力，恐怕很多年輕一輩的官員不一定做得到，即使江副同輩，也是少有的。

政策白皮書一開始，也就是簡報的第一張（見〈圖一〉）；接下去是把四張統計表用數字證明一切，不是隨便說說的。接著最重要的一張是總體摘要；看了此表（見〈圖二〉），對宏觀政策就一目瞭然。

「政策主軸」是位階最高的政策描述，江丙坤寫的是「清明政治、效能政府、和平兩岸、活力經濟、公義社會」等五項。這五大項可以說是治國的大目標，也把民進黨執政的亂象反映出來，再往下一層是「政策目標」，等於是將「政策主軸」進一步詮釋，而「政策項目」則是要做的重要主張，等這些政策項目實施了，就可達到「願景」

<圖一> 民進黨執政亂象

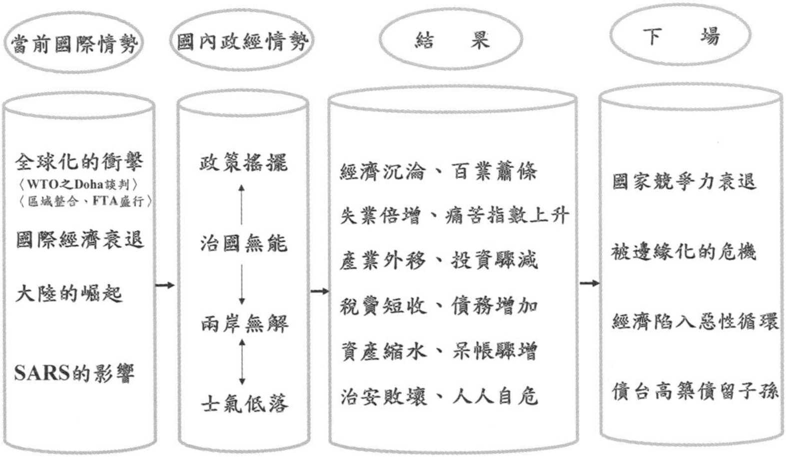

<圖二> 終結痛苦、重拾幸福—幸福工程計劃

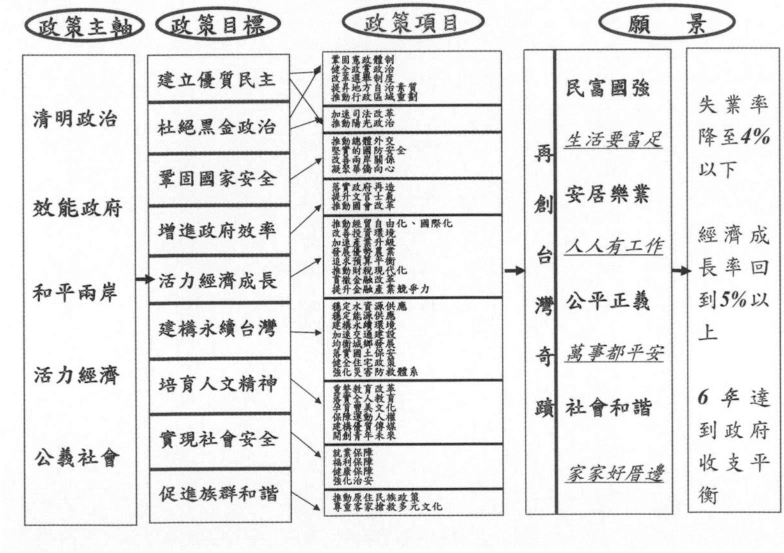

下的種種境界及指標。這個表的好處是層次分明，智庫各個組就把「政策項目」加以發揮就可以；而在研擬每一個「政策項目」內容時，江副要求大家分成：「背景說明」、「問題分析」、「政策主張」及「願景」來寫。這個「終結痛苦、重拾幸福——幸福工程計畫」的表，不但把複雜的各種政策濃縮起來，而更重要的是智庫各組有所遵循，而不會各做各的，到時候再來整合就很困難，這也就是教科書上說的「Leadership」！

雖然國民黨在二〇〇四年大選時，不幸輸了，但在二〇〇八年大選時，國民黨智庫還是沿用江丙坤這種做法，完成了馬總統的政策白皮書。後來，智庫大家又在忙著寫二〇一二年的政策白皮書，也還是用江丙坤的方法——好的就是好的，無可取代也！

三、廣納菁英壯大智庫基礎

前國家政策研究基金會行政組組長陳樹強回憶，西元二〇〇〇年國民黨遭逢首次政黨輪替的巨變，當時黨內上上下下頓時惶惑、人人自危，怨聲載道者有之、騎牆左右者有之、荒腔走板者有之、如喪考妣者有之，真所謂面臨歷史性的一刻！幸賴江丙坤提出建立智庫的構想並付諸實行，方穩住國民黨的基石。

爾後，江丙坤領導大家辛勤撒種耕耘，經歷了立名定位；編制組織；設立規章；招募人才；建立制度；協助本黨政策定位、民意代表問政、審查法案、預算與國際接軌等各個階段的努力，才真正確立「國民黨智庫」在國內外人士心目中的地位！回想起那段心痛，卻要化悲憤為力量、相忍為國、為黨的歷程，真不由得更加感佩江丙坤忍辱負重、立場堅定的大有為精神！

憶起二〇〇〇年國民黨首逢政黨輪替之時，千頭萬緒，百廢待舉，江丙坤受命連戰董事長籌劃成立國民黨智庫（財團法人國家政策研究基金會），以廣納本黨卸任政務官、學者專家及企業界人士之智慧，規劃治國藍圖，為重返執政之路預做準備。

二〇〇〇年五、六月間，江丙坤在蔣家興副執行長襄助下，領導涂義祥顧問、張文雄秘書、陳樹強及二位文書人員，暫借國民黨中央黨部一隅作為臨時辦公室，開始智庫的籌劃工作。先修建杭州南路政策會舊址，作為永久辦公室，同時進行組織規劃、訂定規章制度，以合乎財團法人、「勞基法」規定等等細節；此外，並積極召募研究人員，以為賢輔。

當時江丙坤將智庫分為內政、國家安全、教育文化、憲政法制、科技經濟、財政金融、永續發展、社會安全八個研究組，以對應政府的相關部會，適時提出本黨對國家政策方向的主張及國家政策研究成果。陳樹強奉命負責行政部門的秘書組，協助當時重要的編制規劃、人事、議事、總務及文書等奠基工作。

江丙坤為能廣納各界菁英，以壯大智庫基礎，親自拜訪、電邀、面晤卸任政務官、各方學者專家共同加入智庫，並積極召募碩士以上學者協助研究工作，為使工作快速落實，經常操勞至午夜時分方才稍歇，假日仍至智庫加班也是常有之事。其鉅細靡遺、耐性仔細地諄諄教導、督促，領導同仁挑燈夜戰的工作精神，為國、為黨無私付出的貢獻情操，如今回想起來仍歷歷在目，實令人無任感荷與敬佩！

智庫成立後，各組政策委員勉力投入研究工作，大家不計辛勞、不計酬勞，只領取微薄的車馬費，每週開會一至二次，由各組召集人報告工作及規劃下週工作；每月召開二次擴大會報，邀集全體政策委員、顧問共商；每半年籌開一次董事會，由江丙坤執行長報告工作進度。此外並不定期舉辦公聽會、座談會、研討會，廣納各方意見，使研究成果更掌握民意；透過嚴謹的民意調查方式，掌握民眾對重要議題的看法；推動政府各行政單位、民意機構、學術機構、傳播媒體之合作；推動國際學術團體及相關智庫相互觀摩交流，共同舉辦國際學術研討會，提升智庫在國際間的學術研究地位與能見度。當時國民黨政策白皮書，部分公共政策、法案、預算審查，幾全出自智庫成員勞心勞力之研究心血，而江丙坤正是調和鼎鼐、協調折衷、承上啟下，匯集各方意見，執行智庫運作之領導人！

為了讓「國民黨智庫」這個史無前例的組織擁有新生命，能嶄露頭角，並站上國際舞台，當時江丙坤交代採取「密集安打式」地邀集新聞媒體，幾乎日日不斷地進行對智庫相關部門的採訪報導，使「國民黨智庫」之名，瞬間打響並享譽國際，扎扎實實地奠定「國民黨智庫」在國人心中的地位，也令國際間了解台灣兩黨政治制度的成熟。其穩定民心、凝聚本黨向心、提升台灣在國際間之政治形象，江丙坤居間斡旋、辛勤擘劃，實厥功至偉、功不可沒！

陳樹強憶起國民黨智庫創立之源起，彷彿走回時光隧道，他認為自己有幸追隨江丙坤，領略到江丙坤為國、為黨的憂患與忠誠；親沐其平日為人寬厚，廣結善緣，對人、對事，無私無我之態度；對上，不奉承；對下，不疾言厲色，且殷殷善導；

律己甚嚴，嚴戒部屬為其私務服務；對公務用品均以節省為考量。陳樹強與江丙坤非親非故，卻受命協助智庫創始時最重要的秘書工作，其任人惟公之襟懷，為人處世與積極的工作態度，陳樹強引為他本人一生服務公職最大的獲益與感念。

陳樹強說，為國、為黨盡忠是江丙坤的執著；積極任事、無怨無悔是江丙坤的精神；清廉自持、謹慎守分是江丙坤的態度；不分貴賤、寬厚待人是江丙坤的典範。可以說，沒有江丙坤，就沒有智庫；沒有智庫，就沒有國民黨卸任政務官、學者專家的結合；沒有人才智慧的匯集，就沒有國民黨重新執政的可能！江丙坤一生在這歷史的洪流中屢仆屢起，始終為中流砥柱，創造歷史也改寫歷史，能扮演這樣偉大的人生角色，真是何其榮耀！

二〇〇八年，國民黨重新執政，陳樹強說，思今撫昔，國民黨實應感念前人種樹，無私無我、為黨國犧牲黃金歲月的幕後功臣！在歷史上，國民黨應為江丙坤記上感恩的一筆！

四、閣揆級董事長

二〇〇八年總統大選，國民黨的馬英九擊敗民進黨的謝長廷，實現了台灣的「政黨再輪替」。國民黨得以上台重新執政，江丙坤是大功臣；當時很多人認為，江丙坤以其貢獻和威望，足以順理成章擔任新政府的新閣揆（行政院長），但實際上，馬總統給他的任命，是負責兩岸交流協商的海基會董事長一職，所以他可說是「閣揆級的董事長」。

無論如何，江丙坤的威望，是明顯超過海基會董事長職級的；這一點連大陸人士也有同感。譬如，前陸委會副主委趙建民，就親耳聽到大陸人對江丙坤說：「董事長，您若來大陸參選國家主席，肯定會當選的。」

這是趙建民於二〇〇九年十月底，以海基會董事的身分，參加由江丙坤董事長帶領的新聞界高層主管大陸參訪團，在山西大同市訪問時，一名大陸接待人員神色恭謹地道出了他的心聲。趙建民認為，自從二〇〇五年江董事長以國民黨副主席的身分赴大陸進行「破冰之旅」、開啟兩岸關係的歷史新頁以來，「江董事長」已經成為兩岸最馳名的公眾人物之一，這個名稱也與兩岸和平劃上了等號。

江丙坤有次接受媒體人江睿智訪問時，談到個人政治生涯發展，特地引用日本前首相岸信介的話說：「政治的道路上，面前一寸就是一片漆黑，誰也沒有把握說一定會怎麼走。」他淡淡說來，卻愈顯得深刻。

江丙坤有好幾次與「閣揆」寶座擦身而過，被稱為「永遠的閣揆候選人」。二〇〇八年政黨再次輪替，江丙坤曾是閣揆人選呼聲最高的一員，馬政府卻希望內閣年輕化，江丙坤以「德高望重」接下海基會董事長，推展兩岸關係時有貢獻，抹黑與惡意中傷卻從未止歇，曾令長年為台灣經貿打拚的江丙坤，偶感力不從心，曾高唱「歸去來兮」。

中國時報副總編輯呂紹煒也說，二〇〇八年政黨再輪替時，江丙坤被外界視為可能的閣揆人選，但最後是接下海基會董事長。呂紹煒坦白說，這個結果他認為是「最好的結果」。因為，閣揆來來去去、飽受立院煎熬。相較之下，正值兩岸關係開創新紀元，而且從經貿開始時，海基會董事長已不是單純一個官職而已，是一個「寫歷史的角色」。放眼國內，大概再也找不出比江丙坤更有能力、更適合這個位置的人吧！

亞太台商聯合總會創會總會長潘漢唐指出，二〇〇八年，馬英九先生以七百六十五萬高票取得大選勝利，全國人民對未來充滿憧憬及盼望；潘漢唐毫無私心地說，當時他和很多人一樣，覺得未來閣揆的最佳人選應該是P. K.（江丙坤），主流媒體也多做如此評論。不久，P. K. 發表為海基會董事長，潘漢唐一則為兩岸關係發展喜，一則亦不無感觸。在七月返台的一次場合中，馬英九總統、P. K. 和潘漢唐三人傾談，潘漢唐試圖解惑：「總統口袋裡的閣揆人選有好幾個，但是海基會董事長人選卻只有鎖定一人。」馬英九總統含笑不語，而P. K. 釋懷地瀟灑一笑，潘漢唐至今難忘。永遠，他都是很多人心目中最佳的閣揆人選。

前加拿大政府國營原子能公司副總裁胡皆佛有感而發說，江丙坤歷經蔣經國、李登輝、陳水扁，以及馬英九四任總統，從駐外使館職員至立法院副院長等重職，除了李登輝前總統能慧眼識人，委命他為台灣命脈的經濟部長及經建會主委重職外，陳水扁前總統及馬英九總統都沒此智慧，能重用這位台灣最有資格的人當行政院長，否則台灣不會從李登輝前總統的亞洲四小龍之首，變成如今落後韓國極大的悲嘆。

也許，江丙坤的留日精神「謙虛」，在目前台灣政壇上的政客橫行、真正的政治家無生存空間的歪風下，就是有豐富的治國之道，似乎仍無用武之地，這是台灣的損失，也是胡皆佛旅居國外四十多年，對國內最大的失望及感嘆。

第九章

展布兩岸　望重寰宇

一、「破冰」之旅的壯舉

江丙坤一生中有兩次「破冰」壯舉，對台灣整體影響深遠。第一次是一九九二年八月，在其經濟部政務次長任內，帶領東歐經貿訪問團，順利訪問俄羅斯等國，敲開了蘇聯大門。

據前全國商業總會理事長張平沼透露，關於訪問蘇聯之議，早在一九八八年秋天，江丙坤任國貿局局長時，就已拍板前進蘇聯，但囿於當時政經局勢，他又是重要官員，自無法成行，遂派當時國貿局人二室（政風）主管以顧問身分隨民間考查團先行。有趣的是，這位人二室主管林義杜先生，也是台北大學「傑出校友」，他是一九四九年後第一位進入蘇聯的中華民國官員，因身分被台灣媒體披露，險些變成第二位「蘇武牧羊」，被長期留置異鄉，所幸由於他的機智，得以化險為夷，平安返台，完成江丙坤先生交付的任務。

第二次「破冰」，是二〇〇五年三月，江丙坤訪問大陸，為「連胡會」預做安排；之前，三月三十日，他以中國國民黨副主席的身分，率隨員三十餘人到南京中山陵謁國父陵，並以中華民國國號宣讀祭文，這是五十六年來，中國國民黨首次以黨的名義派出代表團拜謁中山陵，當年適逢國父逝世八十週年，故深具意義。

前立法院副院長曾永權指出，兩岸關係的態勢，能由當初緊張對峙，到今日和平穩定的局面，是經過一段危難險阻的艱辛歷程才得到的成果。二〇〇五年，突破兩岸關係發展的侷限，促成當時中國國民黨主席連戰先生完成「和平之旅」，並與中共總書記胡錦濤先生達成五項共同願景的幕後英雄，非江丙坤董事長莫屬。

江董事長是中國國民黨副主席，以其在經濟領域的長才，深受連戰先生的賞識與倚重，當時國民黨還是在野黨，雖然主張在「九二共識」之下，恢復「制度性協商」，並對中國大陸採開放政策，以協助台商在大陸發展，善用中國大陸的土地、人力與市場的資源，再進一步促成兩岸關係的「和平發展」。但是，當時受到執政當局「積極管理、有效開放」的影響，兩岸關係發展依然充滿著危機與變數。當時就在這種氛圍下，國民黨為了台灣的發展與國家的安全，主動採取「求同存異、擱置爭議」的原則，希望能與中國大陸建立既競爭又合作的關係，共謀經濟發展。基於這種思維，江丙坤副主席即扮演了「和平之旅」前鋒的角色。

▲江丙坤一行人赴南京中山陵祭拜國父孫中山先生（2005 年 3 月 30 日）。

▲寫下兩岸重要里程碑的破冰之旅（2005 年 3 月 30 日）。

當時的執政當局對中共政權仍充滿著疑懼與敵意，自然對國民黨尋求兩岸對話、協商與和解的政策採堅決反對的態度。二〇〇五年三月二十九日，江副主席動身前往中國大陸，當時國內政治環境瀰漫著肅殺的氣氛，執政當局放話如果國民黨人士前往中國大陸與中共簽訂任何文件，政府絕對不會承認，並將追究相關法律責任，這種幾近恫嚇式的言詞，宛如現代版的「綠色恐怖」。但是處於歷史的關鍵時刻，江副主席承受連主席的託付，毅然決然地承擔起推動兩岸關係和平發展的前衛任務，充分展現出士大夫應有的氣節與勇氣。

二〇〇五年三月三十一日上午十時，當江副主席與陳雲林先生達成有關台商權益及兩岸經貿交流的十項共識，並轉達中共中央總書記胡錦濤邀請連戰主席訪問中國大陸之意的同時，執政當局果真勃然大怒，公開宣稱要將相關人員移送法辦；但是公理自在人心，時代的潮流終究站在正義的這一邊。

江丙坤該次「破冰」之旅時，兩岸政府間的關係很惡劣。前國民黨副秘書長張榮恭說，當時，大陸針對民進黨政府的台獨走向，制訂了「反分裂國家法」，一方面明確了「以武遏獨」、「依法阻獨」的立場，另方面也揭示了對兩岸關係和平發展的期待。處此海峽兩岸和、戰的分界點上，國民黨究竟是要與民進黨「共赴」實無必要的「國難」，置台灣於萬劫不復？還是應該提供人民另一條選擇的道路，以開創兩岸和平穩定、維護台灣安全繁榮？答案是十分清楚的。

因此，先是二〇〇四年十二月，泛藍在立委改選中取得過半席次，國民黨立即依民意而成功促成了二〇〇五年二月的兩岸春節包機，這是兩岸分治後首次實現的雙方客機雙向對飛、多點起降、不中停港澳，獲得民意肯定。

接著，就是江丙坤先生率團訪問了大陸，以尋求國共兩黨和解及兩岸關係破冰。其最具挑戰性的背景是，民進黨政府發動「反『反分裂法』」浪潮，所以國民黨的作為只許成功不許失敗，也就是必須取得主流民意認同的成績單，否則將難抵擋來自執政者的汙衊與打擊。連戰主席的決斷與江丙坤先生的重負，可想而知。

這年三月二十八日，代表團登陸廣州，為的是在翌日三月二十九日黃花崗起義紀念日當天，前往黃花崗向國民黨的先烈們致敬。而此之前的兩天，民進黨針對大陸發動了號稱百萬人、實則二十七萬人的遊行示威，朝野兩黨處理兩岸問題的政策之迥異，於此展現無遺，也就是要化解危機？抑或火上加油？三月三十日，代表團又至南京中山陵，向總理孫中山先生致敬。當天晚上，江丙坤先生率團與中共中央台辦主任陳雲林等台辦官員會談，達成了十二項結論。

值得指出的是，此次會談是繼一九四九年二月國共北京會談後，時隔五十六年的兩黨第一次會談，陳雲林評價為「開啟了兩岸政黨對話的先河」。而五十六年前的談判以破裂告終，此次則在兩岸經貿互利的目標下形成共識，也都成為日後海峽兩岸有序推動實現的項目。縱使政治意涵如此重大，江丙坤仍自然以對，張榮恭一點也不知道江丙坤是否有感到壓力？反而覺得他全程都展現沉著與專注。

甚至在會談之前的晚宴上，他繼陳雲林的歡迎詞後講話，語畢，令人意想不到地高舉酒杯，輕鬆含笑表示：「請問陳主任，我可以和你乾一杯嗎？」全場莫不莞爾呼應。會談直到晚上十一時十五分才結束，其後的交談中，江丙坤先生向陳雲林主任提出了台灣參與世界衛生組織（ＷＨＯ）的必要性，這是台灣方面首次面對面向大陸指陳自己在國際活動上的迫切需求，且於翌日會見大陸國務委員唐家璇時，獲得了正面回應。

三月三十一日上午，代表團在北京赴香山碧雲寺向孫中山衣冠塚致敬，完成了

▲江丙坤（左二）於海基會第六屆董監事會臨時會被推選為董事長（2008年5月26日）。

▲江丙坤（中）出任海基會董事長主持董事會（2008年6月）。

中國國民黨遷台以來，首次連貫性晉謁黃花崗、中山陵、孫中山衣冠塚的「緬懷之旅」，而這一年，恰是孫中山先生逝世八十週年。同時，兩黨會談的十二項結論則是「經貿之旅」的體現。這都是此行出發前就做出的定位，也就達到了國共之間與兩岸之間的「破冰」意義。但是任務尚未結束，更具新聞性的發展旋即而至。

當天晚上，大陸政協主席賈慶林宴請江丙坤先生與代表團主要成員，賈慶林代表中共中央總書記胡錦濤邀請連戰主席訪問大陸，這就是同年四月二十六日至五月三日的連戰「和平之旅」，而連戰與胡錦濤於四月二十九日的會談，則是繼一九四五年九月蔣中正、毛澤東重慶會談後，時隔整整一甲子的國、共兩黨領導人會談。江丙坤先生則是此次會談中，受連戰主席囑咐而成為除了連、胡之外的唯一發言者，他具體有力地說明了兩岸經貿互利對改善兩岸關係的重要性。

當年蔣、毛會談後，國共以戰爭來處理彼此的問題，隨之形成兩岸關係；連、胡會談後，國共以兩岸關係和平發展為共同目標，並建立兩黨溝通平台，歷史又向前邁進了一大步。江丙坤在此過程中，角色十分重要且突出。其後，他經常走訪大陸各地台商，極受歡迎，並於二〇〇八年五月中國國民黨重新執政後，受馬英九總統委派出任海峽交流基金會董事長，與轉任大陸海峽兩岸關係協會會長的陳雲林互為對口，此安排可謂順理成章，尤能有效發揮兩岸授權管道的功能，而江丙坤先生為兩岸關係和平發展盡心盡力，誠然值得各界稱頌。

對於該次江丙坤的「破冰」之旅，大陸台企聯榮譽總會長張漢文記憶猶新。他說，江丙坤董事長，一直以來是他最尊敬的長官。二〇〇五年三月二十八日他以國民黨副主席身分代表國民黨率團登陸廣州，這也是一九四九年兩岸分治以來，國民黨最高階第一個正式踏上大陸之門的長官。

當時在廣東各地台商集結在廣州機場等候歷史性的一刻（真所謂「破冰」之旅），看到江副主席走出禮遇之門，再也壓不住大家內心的期盼、熱誠、歡呼歷史性的一刻到來。許多人紅著眼眶，他們這一群孤兒在這裡打拚十幾年，今天終於見到第一個從台灣來的長官，一路上跟隨著直奔黃花崗七十二烈士墓。沒想到那裡人山人海，大陸同胞人更多、更熱心，把整個七十二烈士墓擠得水洩不通。大陸同胞自發性的喊著「江先生好」、「歡迎您來到廣州」，有位老先生對我說：「我有親人在台灣，今天一定要來，見到江先生如同見到我的親人。」大家實在太感動了！

兩地相隔六十多年，「從今天這刻起重啟兩岸人民能和睦相處，江董事長您是多麼偉大呀！」張漢文這樣說。

當天中午，張漢文帶著所有台商，就在七十二烈士宴會廳宴請江副主席一行團隊。親切、熱忱，這是大陸這麼多年來，從所未有過的。

二、出任海基會董事長

二〇〇八年，馬英九當選總統，他極力敦請江丙坤先生出任海基會董事長，江丙坤應允了。之後，馬英九總統又誠懇地另致電邀請高孔廉出任海基會副董事長兼秘書長。高孔廉說，他自己過去雖在陸委會工作，但總是幕後，如今有機會站到第一線從事兩岸工作，也是一大挑戰，故而欣然應允，從此展開與江董事長工作上密切的接觸。「他對於我充分的信賴與授權，對內及事務性的工作多由我做決定，但對外及重大政策性事務，我會請示他，由他做睿智的判斷。」高孔廉說。

高孔廉並表示，以他前幾年在海基會，親身與江董事長共事的體驗，可以說是相當佩服。

第一、江董事長是經濟老兵，對各項經貿統計數字掌握相當精準，包括貿易投資、經濟成長、就業等等，順手拈來就能深入分析，提出看法，也常以精簡的文字表達複雜的事務，例如以「安居樂業」表達兩岸政策的目標。

第二、江先生有豐富的國際事務談判經驗，親身參與過加入世界貿易組織（WTO）的談判，這對於我們兩岸談判兩岸經濟合作架構協議（ECFA）極有幫助。他能從國際化、自由化、制度化的角度深入分析提出意見。江丙坤擔任海基會董事長的前三年，兩岸兩會就舉行了七次會談，簽署了十六項協

▲陸委會賴主委幸媛（左）將協商授權函交予江丙坤董事長（2008年5月26日）。

▲江丙坤（左）會見胡錦濤主席（2008 年 6 月 13 日）。

議，ECFA無疑是其中影響層面最廣，最為重要的一個協議。而在這個協議的後續協商中，包括「貨品貿易」、「服務貿易」、「投資」及「爭端解決」等四個協議，江先生更提供了許多指導意見。

第三、江董事長除了經貿事務的談判外，也曾深度參與「亞太經濟合作組織（APEC）」的運作，並曾代表參與非正式領袖會議，展現了領袖的氣質風範，折衝應對，在艱困的處境中，維護了對等尊嚴及國家利益。此外，年輕時他長期在日本求學及工作，對日本事務極為熟悉，成為我國與日本最佳的溝通橋樑。

第四、江董事長既有高瞻遠矚的政策視野，而且心思縝密，能夠掌握細膩的作業細節。他對於國家政策及國際事務的了解，常能提出高瞻遠矚的看法，但他不止視野廣闊，對於作業細節也能充分掌握。以二〇〇八年江陳第二次會談在台北召開來說，這是第一次有陳雲林會長這樣高層次的大陸代表來台協商，重責大任不在話下，作業細節更是不能馬虎，海基會全體同仁兢兢業業的籌備，擬具相當完整的方案，向江董事長簡報，他固然讚許計畫之周詳，但更提出一個觀念，必須以寫「劇本」的方式排定程序、地點、人物、時程；結果同仁依此指導原則擬定作業計畫，果然順利地完成會談，這也成為以後在台舉行會談的典範。

第五、江丙坤先生掌海基會時，雖然已年過七十，但其體力、精神，甚至觀念，絲毫不輸年輕人，聽說有一次還因過度專心於操作電腦，站起來沒注意，頭上因而撞傷，還縫了幾針。後來他又熱衷於i-Pad，想要藉此工具來儲存查詢訪客的資料，如見過幾次、何時見面、說了些什麼、送什麼伴手禮品……等等。

第六、江董事長也時而展現他的機智與幽默，例如證婚時，勉勵新人，常以處理兩岸的觀念，開導新婚夫婦要「擱置爭議、追求雙贏」，鼓勵新人不要「戒急用忍」，要早生貴子。

海基會副董事長馬紹章說，有些人，一輩子都不會給人留下深刻的印象；有些人，卻能在極短時間內讓人震撼，留下鮮活而且深刻的印象。這種震撼，與「文化震撼」類似，暫且名之為「人格震撼」。江丙坤董事長，毫無疑問具備了「人格震撼」的特質。馬紹章說，雖然早就久仰江董事長的大名，但一直要到海基會工作後，才有機會近距離接觸，並且很快地就感受到其「人格震撼」。

什麼樣的人可以在極短的時間內給人「人格震撼」，並且留下鮮活而且深刻的

▲江丙坤（右二）主持海基會辦公大樓開工典禮（2010 年 9 月 25 日）。

▲海基會辦公大樓落成啟用典禮，江丙坤（中）與總統馬英九、副總統吳敦義共同剪綵（2012 年 5 月 18 日）。

▲江丙坤於海基會辦公大樓落成啟用典禮中致詞，為海基會展開新紀元（2012年5月18日）。

▲江丙坤為馬英九總統、吳敦義副總統及王金平院長說明海基會大樓運用情形（2012年5月18日）。

印象？根據馬紹章的定義，那一定是打破定律，而且是大定律的人！大部分的人按照定律行事，或者受定律支配，如何能夠予人震撼？只有打破定律的人，才能讓人耳目一新；能夠打破一個大定律，都已算不容易了，江董事長則是打破了兩個大定律，這是馬紹章到海基會不久就感受到的震撼。

江董事長打破了「年齡」的大定律。八十歲，應該老態龍鍾，步履蹣跚乎？不！江董事長就像電視上介紹的不老傳奇人物，依然健步如飛，走路有風。翻遍他的字典，似乎找不到「老」這個字。

八十歲，應該體力不繼，不堪勞累乎？不！江董事長不論是到大陸或歐美、日本訪問，一下飛機，就是滿滿的行程。尤其在大陸參訪，從早餐開始，拜會不斷，晚餐後還要與台商座談茶敘，只見隨行人員呵欠連連，江董事長依然精神飽滿。

八十歲，應該腦筋遲鈍，思慮不明乎？不！江董事長演講可以不看稿，一氣呵成；當他和台商座談時，分析問題鞭辟入裡，連台商都讚歎不已。所有重要講話，江董事長一定與幕僚討論，並且只要幕僚提供重點即可。就像他自己所說，邏輯清楚，自然條理分明，又何需強記！兩岸簽署ＥＣＦＡ後，工具機雖然列入了早收清單的項目，但工具機 CNC 控制器大部分都是進口，不符原產地的相關規範。當政府與台商為此問題而苦惱時，江董事長卻提出了一個兩全其美的辦法，由他邀請日本著名的 CNC 控制器來台投資設廠，並獲得同意，證明了「薑真的是老的辣」！

海基會秘書處長廖運源說，語云：「人要有心，樹要有根」，江董事長在海基會期間的心力奉獻，所展現的高瞻遠矚、務實敦厚的長者風範，令他們許多在海、陸兩會基層工作已滿二十年的老兵，有無限的敬佩與欽仰！

廖運源透露，海基會先天不足，後天失調，成立時資金募集嚴重不足，利率則從十個百分點逐年下降至一個百分點多，兩岸協商、交流、服務則快速成長，長期以來入不敷出，導致人員出缺不補、人事凍結……等等問題衍生，成為所有同仁心中最大的遺憾。江董事長了解之後，立即致函、拜訪、協調高層解決，旬月間，問題迎刃而解，自二〇〇九年度起，由政府年度預算足額補助。海基會正式揮別十七年來最令人無奈的夢魘，終於給該會所有同事一個基本健康的環境和新的開始，資深同事們心中的感慨，實不足為外人道也。

二十年前，大陸台商人數約五萬人，現已高達一百萬人，海基會十多年前租的辦公室，既無財力裝潢翻新，空間更嚴重不足，民眾的文書驗證資料都堆到走道上了！江董事長毅然決定以募款方式自建辦公大樓，並立即拜會請馬總統、吳院長及部會高層長官協助，找適合的土地……。老同事們一聽到又要談「募款」、「房事」問題，不禁回憶起十多年來，歷經多少次的開源節流、對外募款，但結果總是不了了之。

殊不知，此番卻跌破全辦公室老同事的眼鏡，從起心動念、找土地、推動募款、拜訪董監事、台商企業、公開招標……等等過程，六個月後，就正式「開工」動土。開工那天，廖運源特別請教冠德建設馬玉山董事長，他說如果一般民間來辦，光土地取得三年也弄不成……。

海基會歷經二十年的艱困生涯，從不曾、也不敢奢望，有朝一日竟然會有屬於自用的大方寬敞的辦公空間。曾私下遇到一些江董事長的老朋友或老同事談起此事，都說江董事長簡直在做傻事，個人有那麼好的政治、經濟影響力，沒拿來謀求一己、一家之私，卻完全用來奉獻給海基會、國家、社會，如果是一般人，會不會這樣做？

最近這幾年，兩岸協商、交流與服務創下了空前的紀錄，江董事長在任時，應邀會見大陸地區、國內、或國際人士、團體等，二〇一〇年就高達四百二十團次，行程安排從清晨到深夜，可謂風塵僕僕、席不暇暖、以尊貴客。其中許多係應故舊老友之託，江董事長總是非常念舊，無不想方設法，要安排見上一面或親踵致意。

廖運源認為，江董事長一貫言語簡樸、著重身體力行，如此敦厚樸實的風範與情義，充分展現了正港台灣人的本色與魅力。

三、排憂解難的台商保母

多年來，江丙坤經常為台商排憂解難，堪稱為「台商保母」。

二〇〇五年在野時，即在國民黨成立台商聯繫服務中心，邀集國民黨智庫專家學者、黨籍立委和台商會長，與大陸中台辦連續舉行三年台商權益保障工作會談，形成了三十項共同意見。而其每次赴大陸參訪時，都會利用馬不停蹄行程抽空安排台商座談，聽取台商心聲，並耳提面命的鼓勵大陸台商朋友在大陸投資經營時要注意三件事：一、正派經營、合法經營、小心翼翼的經營。二、妥善照顧勞工。三、事業有成時，回饋當地社會。

二〇〇六年九月下旬，海基會副秘書長高文誠陪同江丙坤先生，前往江西廬山參加由中共全國政協主席賈慶林先生主持之贛台經貿合作研討會，江丙坤在致詞時重申這三件事，當場獲得如雷掌聲，顯見這是一個值得共鳴的話題。

高文誠另透露，在二〇〇六年九月中旬，江丙坤先生受邀前往重慶參加兩岸科技及汽車發展論壇時，同時受託協處重慶某張姓台商遭羈押一案，江丙坤在與時任重慶市委書記汪洋先生會見時，即如實轉達同一旨趣的話，表示要感念企業的貢獻，對少數不規範的企業，儘可能用輔導措施取代刑罰威嚇等語。兩週過後，該名台商獲得交保，兩個月後，又獲得不起訴處分，顯然汪洋書記聽進去這番話了。

江丙坤讓總統府資政陳炯松印象最深刻的是，他為台商解決問題的能力；兩岸政經文化落差極大，台商在大陸什麼難題都有，台商一有問題找上他，他總能迅速掌握脈絡，快速解決，並且讓台商附帶有意想不到的收穫。比方說土地開發該如何規避風險、和大陸商人互動有什麼注意事項，同時會預估未來經濟發展趨勢。因此，陳炯松認為，江丙坤先生可說是台商心中的「萬應公、土地公」，有求必應，人緣之佳可以想見。

另外，一位蔡姓台商，憶起早年大陸投資受到江丙坤幫忙的往事。他說，他們因來自外地，在大陸人生地不熟，雖相當努力卻常受到排擠。開發的幾個專案皆曾因涉及當地政府法規更迭、與市政建設衝突等原因，開發進度幾近癱瘓。眼看投入的心血即將白費，甚至血本無歸，他們心急如焚，向一些生意場上平日非常熱絡的朋友求助，他們也均表無奈，有的還刻意迴避。更有他的兒子因遇人不淑，被合作方設計陷害。對方欠債不還，還勾結律師製造事端、多次惡意舉報投訴，纏訟不止，自二〇〇五年起陸續炮製假案近二十宗，利用媒體散布謠言，詆毀他兒子聲譽和公司信譽，還假司法程序於二〇〇九年限制他兒子出境，甚至買通黑道威脅他兒子性命。蔡姓台商他們束手無策，進退兩難。

在此危急情勢下，江丙坤在第一時間雪中送炭，不計回報，向蔡姓台商他們伸出援手，不僅助他們理清頭緒，還不辭辛苦向多方呼籲，解救蔡姓台商的兒子，不遺餘力向各方陳情，保障我們台商合法權益，幫助他們最終擺脫困境，走上正軌。

大陸台企聯總會長郭山輝指出，江丙坤先生為國家服務已超過四十五載，但歲月在江丙坤的身上，只有益發彰顯其經驗智慧的累積與持續永恆的熱情。郭山輝跟

▲江丙坤（左三）與馬總統參加大陸台商春節聯誼活動，與台商朋友同歡（2010 年）。

▲舉辦台商座談會，聆聽台商心聲及協助解決問題（2009 年）。

▶江丙坤（中）常扮演排憂解難的台商保母（2011 年）。

▲馬英九總統於第二次「江陳會談」後，接見陳會長雲林率領大陸代表團並合影留念（2008 年 11 月 6 日）。

▲江丙坤（左）在第一次「江陳會談」後，向馬英九總統呈獻直航與觀光協議書（2008 年 6 月 14 日）。

江丙坤較頻繁的接觸，是在二〇〇八年江丙坤接任海基會之後。在台商心中，江丙坤不只是財經界的大老，更是兩岸經貿關係與兩岸和平的重要推手，在任內促成多次的江陳會，為兩岸打開協商大門，促進兩岸三通，直到ＥＣＦＡ的簽署，更使兩岸關係邁向一個全新的里程碑！在兩岸互動關係的發展歷程上，郭山輝認為，江丙坤所扮演的的重要角色，必將有其歷史定位！

郭山輝說，二十幾年前，因為全球供應鏈的調整，台灣已經不再適合製造業的發展，迫使台灣原來引以為傲的、優良的製造廠商，在人工與土地與種種成本的上升考量之下，只得遠走他鄉。但是努力的人終究會受到上天的眷顧，台商趕上了大陸發展最為快速的二十年。雖然當時政治環境並不明朗，政府給的幫助更是少得可憐，但是台商的拚搏精神仍然替大陸的經濟發展做出了巨大貢獻。

直到江丙坤接任海基會，重新把兩岸的情感連結了起來，兩岸的和平穩定發展，一向是台商最大的心願與福祉，近幾年的海基會更積極扮演著台商「娘家」的角色，作為台商在外打拚的最佳後盾，默默的支持台商、鼓舞台商，為台商爭取合法的權益，更幫助台商解決紛爭，其中最重要的靈魂人物，非江丙坤先生莫屬。

天仁茶業公司總裁李瑞河表示，他赴大陸投資，得到江丙坤的大力支持與幫助。天福集團能取得如此巨大的成績，江丙坤功不可沒。一九九二年年中，李瑞河計畫大膽西進，赴大陸再創業。但當時台灣當政者提出「戒急用忍」，反對台商到大陸投資，茶葉被列入限制類，禁止「登陸」，怎麼辦？李瑞河想到請教好朋友、財經高手江丙坤，他支持李瑞河赴大陸發展，點撥李遇到紅燈繞道走。對此李瑞河恍然大悟，照計施行。於是申辦美國綠卡，用美國天仁集團的名義，從而成為美籍台商，繞過了台灣禁止台商到大陸投資茶業的規定，取得了成功。如果等待開禁，就失去了機遇。採取變通的辦法，是當時明智的選擇。

李瑞河與江丙坤既是同鄉，又是摯友。二〇〇三年，江丙坤在與李瑞河見面敘談時，透露出想回鄉尋根謁祖的念頭。李瑞河牢記於心，利用在大陸投資的便利和人脈關係，開始為他尋根之旅探路。兩次前往福建省平和縣江寨村，實地考察江氏祖祠。然後帶著江氏族譜和照片回台灣，面呈江先生，敲定他尋根的日程，並全程陪同他謁祖。

二〇〇六年五月二十一日，在李瑞河的陪同下，江丙坤偕夫人到江寨村祭祖，

▲第二次「江陳會談」於台北簽署儀式合影留念（2008 年 11 月 4 日）。

▲第三次「江陳會談」於南京簽署儀式合影留念（2009 年 4 月 26 日）。

▲第四次「江陳會談」於台中簽署儀式合影留念（2009 年 12 月 22 日）。

▲第五次「江陳會談」於重慶簽署儀式合影留念（2010 年 6 月 29 日）。

如願踏上故土，實現了祖父等幾輩人尋根謁祖的宿願。七千族人在村口、路邊迎接，採用客家最高禮儀祭祖，場面非常隆重。「我終於找到自己的根了！」江先生拜祭過祖祠之後，站在江氏祠堂濟陽堂門前的大埕上，深深表達自己對江氏祖先的感念，對祖籍地江寨的濃濃情思。

大陸台企聯常務副會長林榮德記得，二〇〇五年，他本人時任大陸昆山台商協會會長，邀請江丙坤先生來昆山參加台商的活動，江先生原準備發表演講，林榮德當時向他建議最好改為座談會，聽聽台商的心聲，江先生欣然應允，這是第一次在大陸舉辦類似座談會，會後江先生大呼：「原來台商有這麼多困難及爭議有待解決！」從此並與大陸領導階層交涉，更深入了解及協助解決許多台商的困難及投資爭議，大陸台商對江先生非常感恩！

林榮德說，近十幾年來，台灣傳統產業面臨生存問題，他曾向江先生報告，怎樣救救台灣傳統產業，江先生親臨了解，並提出「繼續轉型再投資」之建議；以台灣陶瓷產業為例，大家聽信江先生的建議，成功升級轉型，並再投資數十億元，創造了就業機會，也創造台灣陶瓷品牌，享譽國際，江先生之高瞻遠矚，令人敬佩！

四、深入經貿核心的課題

江丙坤在兩岸經貿交流方面的豐碩成果，來自他的熱心照顧台商，也來自他對兩岸經貿核心課題的深入掌握。譬如，他對兩岸產業技術標準的一些想法與做法，已成為兩岸經貿合作的重要內涵。

二〇一一年六月十七日，由台灣的華聚產業共同標準推動基金會和大陸的中國電子工業標準化技術協會，及中國通信標準化協會共同舉辦的第八屆「海峽兩岸信息產業和技術標準論壇」在台北舉行，開幕式中，雙方簽署了三項合作備忘錄，為兩岸共同推動ＬＥＤ照明、太陽光電，以及面板的技術標準交流和產業合作，立下了具有突破性意義的里程碑。

簽約儀式的現場，海峽兩岸經貿和科技產業界的重量級人士冠蓋雲集，場面盛大，媒體給予高度關注。然而，據前立法委員龐建國說，知道背景故事的人都曉得，最應該在這個場合接受祝賀的人，是兩岸信息產業技術標準真正的拓荒者和領航人——江丙坤先生。

▲在第四次「江陳會談」中，江丙坤（右）和陳雲林兩人握手的經典畫面不僅深值人心，亦具有時代意義（2009 年 12 月 22 日）。

◀江丙坤（右三）主持兩岸漁業際中小企業合作座談會，增進兩岸漁業交流（2011 年 2 月 25 日）。

▶海基會成立 20 週年，舉辦「兩岸關係學術研討會」，深入探討兩岸經貿的核心課題（2011 年 3 月 8 日）。

▲第六次「江陳會談」於台北簽署儀式合影留念（2010 年 12 月 21 日）。

產業技術標準是知識經濟時代產業發展的制高點，過去，大陸受限於技術水準，台灣受限於市場規模，只能成為這個領域的追隨者，而無法成為制定遊戲規則的領頭羊。大陸在上個世紀末的時候開始嘗試要在這個領域有所作為，並曾派人來台尋求合作機會，但因政黨輪替，綠營執政下，對兩岸合作採取反對態度，事情就不了了之。

龐建國在二〇〇二年立法委員任內注意到這個問題，因而結識了當時正在發起兩岸合作推動產業技術標準的英業達副董事長溫世仁先生，他們在二〇〇三年八月的「京台科技論壇」上，相互約定分別在產業界和立法院促成此事。

非常令人惋惜的是，溫先生在二〇〇三年年底猝逝，使得這件事情遭遇挫折。龐建國因而向當時擔任立法院副院長的江丙坤先生報告此事，請他出來領導。江先生基於他對台灣產業發展困境的深刻了解，再加上和溫世仁先生的深厚情誼，毅然扛下了這個重擔。

在與大陸有關單位溝通期間，大陸方面表示，台灣已經有一些公協會各別和大陸接觸，想要促成兩岸的產業技術標準合作，形成了多頭馬車的現象，希望江先生能夠帶頭整合各方志士仁人，建立共同的聯繫窗口。於是，有了成立華聚基金會的構想。

在江丙坤的號召下，台灣科技業大老熱烈響應，公推江先生擔任基金會董事長，基金會乃於二〇〇五年二月正式展開運作。隨後，江先生在二〇〇五年三月底代表國民黨前往大陸進行破冰之旅，為國共兩黨領導人的「連胡會」鋪路，與當時任國台辦主任的陳雲林先生發表了兩岸經貿合作的十二項共識，將產業技術標準合作列為共識之一，使得產業技術標準合作成為大陸官方認可的兩岸交流合作項目。

接著，二〇〇五年七月，第一屆「海峽兩岸信息產業技術標準論壇」在北京召開，會中，當時任大陸信息產業部副部長的蔣耀平先生公開宣布，這個論壇是兩岸信息產業技術標準合作的主要平台，華聚基金會是這個合作項目大陸唯一認可的窗口，確立了海峽兩岸信息產業技術標準合作的機制，才有如今簽署三項備忘錄的里程碑。

龐建國說，二〇〇八年六月，他追隨江丙坤先生到海峽交流基金會工作，所以，先後都辭去了華聚基金會的職務。但是，他們對於促進兩岸產業合作，攜手因應全球化挑戰的熱情並未減退。龐建國離開海基會之後，仍然在江先生指導下，從制度面和政策面探討兩岸產業合作的適宜做法，希望能夠為聚合華人智慧，共創光明未來的理想，繼續貢獻心力。

五、兩岸經貿交流的理念與做法

江丙坤很早就認知兩岸經貿交流發展的必然性，也「敢為天下先」。

據前海峽兩岸經貿文化交流協會秘書長郭勵誠透露，江丙坤在經濟部政務次長任內，奉命赴國民黨中常會就兩岸關係發展相關問題進行專題工作報告。因預定報告的內容中力陳良性發展兩岸經貿關係的必要性及迫切性，更大膽提出允許國營事業轉投資事業能比照民間企業間接赴大陸投資等的建言，囿於當時政治氛圍，黨政高層無法接受該等見解，記得於報告前一天傍晚快下班時，突接獲行政院通知隔日中常會專題報告已更換主題，江政務次長的報告將延後擇期再提（當然後來也就不了了之）；同時江丙坤的秘書亦接獲緊急命令，趕往國民黨中央黨部，將已繳交的近百份書面報告撤回，直接攜往焚化廠，當場全數銷毀。

此外，江丙坤當年對中油與大陸合作計畫的支持，也值得記上一筆。據工商時報要聞中心副主任呂雪彗說，在部屬眼中，江丙坤是一位有肩膀、挺部屬的好長官，

▲第七次「江陳會談」於天津簽署儀式合影留念（2011 年 10 月 20 日）。

▲第八次「江陳會談」於台北簽署儀式合影留念（2012 年 8 月 9 日）。

重情重義，更願意提拔年輕人。已故前中油董事長張子源在世時常對呂雪彗說，一九九三年中油與大陸中國海洋石油公司展開兩岸合作探勘的初試啼聲，正是獲得長官江丙坤力挺，讓中油早在十幾年前即擱置政治爭議，展開經濟合作，跨出兩岸合作歷史性的重要一步，成就備受當時海基會的稱羨，因此特別感念江丙坤的情義相挺。

呂雪彗指出，留日的江丙坤是一位行事細膩、做事要求完美的人，凡事親力親為，「江科長」之稱因此不脛而走，這個稱號隨著他的宦海生涯亦步亦趨。他的坦率直言最著名有二件案例，一是任經濟部長期間，一九九三年十一月二十二日參加西雅圖APEC會議時，因不滿中共外長錢其琛及中共國家主席江澤民對台灣的刻意貶抑，提出「以一個中國為指向的階段性兩個中國政策」，震驚國內朝野，當時呂雪彗也身歷其境，上了一堂國際外交政治學。

另一次是一九九〇年六月十五日，江丙坤以政務次長身分參加中日東亞經濟會議時，指責日本犯了「中共狂犬病恐懼症」，當時一個外表溫文儒雅、修養極佳的政務官，言人所不敢言，令國內大快人心。倘若不是他深刻了解日本朝野，哪能做出這麼貼切的形容?!

另有一件國內政壇逸事，也反映出江丙坤「擇善固執」的一面。據法蘭絲公司董事長黃安中指出，一九九六年時任工總理事長之高清愿先生率工商團體訪大陸所謂的「破冰之旅」，江澤民接見並高規格接待，造成國內諸多反應與批評，回台即舉辦一年一度之全國經營者大會盛會，黃安中亦為籌備委員之一；歷次開幕典禮，李登輝總統及相關部院首長均親臨，惟此次李總統未來（當天才得知），各首長亦皆迴避，惟有江丙坤（時任經建會主委）全程參與，後不獲當局諒解，致有導致「冰凍半年」之久之說；江丙坤不多辯解，蓋因經濟政策理念不同之故，乃有人稱江丙坤非政治人也。惟江丙坤仍公忠體國，盡心盡力忠于職守，輔助工商業，如為紡織業外勞問題費心協調勞委會致有結果。

而一九九〇年的台商赴陸投資管理辦法，江丙坤著墨之深，也很值得一提。據前經濟部投審會執行秘書黃慶堂說，二〇一〇年兩岸簽署ＥＣＦＡ，兩岸關係進入新紀元，兩岸經貿投資與人員往來更加密切，促進我國經濟進一步發展與就業增加。其實兩岸貿易投資政策正式開放以及有法規規範是在一九九〇年，至今二十一年。回想起一九九〇年江丙坤老部長擔任次長時，督導經濟部投審會制定「對大陸地區

▲江丙坤（右二）獲馬總統頒發景星一等獎章（2012年11月8日）。

◀江丙坤（左）至總統府受勳，與馬總統相談甚歡（2012年11月8日）。

▲江丙坤（中）赴日接受日本天皇頒發旭日重光賞（2015年5月）。

▲赴日本受勳，與夫人合影留念（2015年5月）。

投資與技術合作管理辦法」，開啟台商對大陸投資與技術合作新紀元，也讓眾多台商投資大陸化暗為明。

當時黃慶堂剛好在投審會擔任組長職務，而投審會為處理雙向投資政策制訂、法規訂定以及投資案審查工作，因而躬逢其盛，與江丙坤一起訂定此法規。其實該辦法草案在當時是創舉，大家均無經驗，因此當時的江次長自己親擬辦法草案，大家再參與討論，江丙坤的體恤同仁，由此可見，也贏得「江科長」之封號。

更進一步看，在一九九四年，江丙坤任職經濟部長時，便直言倡議兩岸直航，就是主張把兩岸關係轉化為台灣經濟前進世界的動力。因而前行政院陸委會主委賴幸媛認為，江丙坤在兩岸經貿領域上的背景與經驗，在二〇〇八年馬總統上任後，兩岸關係開展新局的歷史時刻，使其成為擔任海基會董事長的不二人選。

在一九九〇年代，大陸經濟已展現睡獅甦醒姿態，大家已體認到改善兩岸關係、增加雙方交流的迫切性。江丙坤是當時力主在「南向政策」之外，更應積極妥善解決兩岸經貿關係的高層官員之一，但是在李登輝總統的「戒急用忍」政策下，兩岸關係的改善一直受到壓抑。前經建會副主委蕭峰雄有一次請教江丙坤主委，為什麼不向李總統報告？江丙坤主委回答說已向李總統講了好幾次，講到總統有點不高興了。蕭峰雄認為，假如當時政府能再積極的掌握當時的機會，我國經濟、產業的發展也許會有另一番景象；後來江主委擔任海基會董事長，推動兩岸的交流合作，簽訂經濟合作架構協議（ＥＣＦＡ），好像是上天的巧安排，要讓江董事長在兩岸關係上做出貢獻。

江丙坤最重要的理念，應是「安居樂業」。前海基會副秘書長高文誠說，常聽江丙坤先生演講的人，一定都知道，先生掛在嘴邊最多的便是「安居樂業」一詞，例如：「為政者的共同目標就是讓人民安居樂業」、「兩岸和平與經濟創造雙贏，是為後代子孫奠定安居樂業的基礎」、「台灣推動兩岸關係的和平發展，增進經貿交流，是為追求台灣民眾的安居樂業」、「兩會協商最終目標是讓民眾安居樂業」、「安居其實就是兩岸和平，樂業就是兩岸繁榮」，都是信手拈來的例子。

身為台灣經濟轉折的關鍵人物、兩岸和平發展的前鋒，高瞻遠矚與心思縝密兼備的江丙坤，勛猷卓越，在歷史上絕對會被書上一筆，青史留名。

國家圖書館出版品預行編目資料

經貿老將 兩岸推手——江丙坤的公僕生涯 / 李孟洲編著. -- 初版. -- 台北市 : 商訊文化, 2016.1
面 ; 公分. -- （名人傳記系列 ; YS01513）
ISBN 978-986-5812-45-4（平裝）

1.江丙坤 2.台灣傳記

783.3886 104027744

商訊文化
名人傳記系列 | YS01513

經貿老將 兩岸推手——江丙坤的公僕生涯

編　　著／李孟洲
出版總監／張慧玲
編製統籌／吳錦珠
責任編輯／翁雅蓁
封面設計／黃祉菱
內頁設計／王麗鈴
校　　對／唐正陽、林于脩、李奇蓁

出　　版／海峽兩岸經貿文化交流協會
地　　址／台北市松山區八德路四段 85 號 7 樓
發 行 者／商訊文化事業股份有限公司
董 事 長／李玉生
總 經 理／李振華
行銷副理／羅正業
地　　址／台北市萬華區艋舺大道 303 號 5 樓
發行專線／ 02-2308-7111#5607
傳　　真／ 02-2308-4608

總 經 銷／時報文化出版企業股份有限公司
地　　址／桃園縣龜山鄉萬壽路二段 351 號
電　　話／ 02-2306-6842
讀者服務專線／ 0800-231-705
時報悅讀網／ http://www.readingtimes.com.tw
印　　刷／宗祐印刷有限公司

出版日期／ 2016 年 1 月　初版一刷
定價：350 元